微媒主义

『总裁语录』与微媒体生态圈

徐应旺◎著

中国发展出版社
CHINA DEVELOPMENT PRESS

图书在版编目（CIP）数据

微媒主义："总裁语录"与微媒体生态圈/徐应旺著.
北京：中国发展出版社，2018.12
ISBN 978-7-5177-0962-6

Ⅰ.①微… Ⅱ.①徐… Ⅲ.①传播媒介—运营管理
Ⅳ.①G206.2

中国版本图书馆CIP数据核字（2018）第286838号

书　　名：微媒主义："总裁语录"与微媒体生态圈
著作责任者：徐应旺
责任编辑：钟紫君
出版发行：中国发展出版社
（北京市西城区百万庄大街16号8层　100037）
标准书号：ISBN 978-7-5177-0962-6
经 销 者：各地新华书店
印 刷 者：北京市密东印刷有限公司
开　　本：710mm×1000mm　1/16
印　　张：14
字　　数：160千字
版　　次：2019年1月第1版
印　　次：2019年1月第1次印刷
定　　价：48.00元

联系电话：（010）68990535　68990692
购书热线：（010）68990682　68990686
网络订购：http://zgfzcbs.tmall.com
网购电话：（010）68990639　88333349
本社网址：http://www.develpress.com.cn
电子邮件：10561295@qq.com

自序

“媒”有话说

或许你已经读过很多关于新媒体方面的书，也清楚地知道你在做的是什么，以及实现你的目标还需要什么。但问题的关键并不在此。这是一个难以形容的“杂语时代”，现代化社会的脚步正在加快，人们每天被大量的碎片化信息所包围，人们的生活已然支离破碎。

错综繁杂的信息扰乱了我们的视线，其实这个局面是我们共同构成的，我们每个人是构成这个局面的一个分子。在这个时代，我们既是受众，也是信息发布的始作俑者和分享传播者，因为信息技术的发展，我们每个人都可以很容易地充当媒体的角色，在自己的微信、微博或其他平台申请的自媒体上发布信息，或传播信息。

作为比较早地涉猎新媒体传播的一员，我在7年前开通了“总裁语录”微博，并从一个名不见经传的小博主到坐拥百万粉丝的“大V”，我这个新媒体的分子似乎进化成了一个具有合成能力的重要细胞。我聆听着来自四面八方的声音，借助我的“微博之力”，传达着无限的正能量，借用某媒体对我的报道所言：每天“总裁语录”都会为苦苦奋斗中的年轻人送上与众不同的“鸡汤”：它并不会对你的软弱苦闷温言相待、柔情抚慰，它更像是一剂强心针，注入血管、直达心脏，让你浑身一激灵，让漂泊着的心灵有一个暂时栖息的窗口，振奋起来。已经记不清多少个夜晚，已经记不清多少个凌晨，已经想不起多少次的鼠标点击……就在那个光辉闪耀的角落，有一个正在奋战的我！

通过正能量的传播，我结识了很多有识之士，并拥有一家新媒体门户网站和一个云购 APP，业务涵盖了网络技术开发，微网站、微商城、微博微信运营推广，APP 开发、企业营销方案策划，并进入了传统媒体广告的领域。

如今，有很多人通过自媒体向我咨询有关自媒体传播推广乃至创业的问题，我也不断地受到各类论坛之邀去做嘉宾和演说，很多熟识与陌生的博友积极地与我进行思想的碰撞，探讨新媒体运营以及人生价值、社会价值。有人提出希望我写一本这方面的书，这个呼声得到了越来越多的博友响应，我常常被博友们的热诚所感动。于是，就有了今天这本书。

我们往往醉心于新媒体技术的无限可能，却无法抛开新消费时代的商业逻辑，多元化的新媒体的发展和竞争，信息化、碎片化已经把大家的注意力“撕扯”得体无完肤。如何在乱毛线堆里找出头绪来，是件让人头疼而又郁闷的事，希望这本书能够帮助您找到答案。

徐应旺

2019 年 1 月 1 日

Contents

目 录

- “新媒体”挑战
- “新生态圈”重构
- “后微媒体”崛起

1

Chapter 1 “媒”时代

编者按

我们正在经历的，以微媒体为主要表现形式的传播革命，是信息化和市场化发展的直接结果。我们每一个人，都是这场革命的参与者、推动者，也是被这场革命改变了自己的生活方式、价值观念的亲历者。

一切革命，都是一个“颠覆又回复”的周期性的过程。它摧毁了旧的秩序的表象，建立起新的秩序的表象，但更重要的是，其内在的规则逻辑，已经发生了深刻的变化。

当前的媒体革命，在直接的面向大众生活，日常信息发布、评论的层面，已经将原来的媒体格局彻底边缘化。只有能够尽速找到与新的传播方式结合的触点的媒体，才能借助新的传播技术，实现自己的更新发展。而更多的地域性的，缺乏突出的“主业”权威性的传统媒体，则越来越快地从市场被“出清”了。

我们可以看到的新的媒体生态是：原来属于地方性、速食化、日常化的信息消费服务的提供者的传统媒体，将迅速被新媒体吞噬。而具有一定的权威性、全国性乃至全球性的信息服务“护城河”的传统媒体，则将与新的媒体形态结合互动，并将其作为自己发展的主要方向。

越来越多的地方性、速食化、日常化的信息发布、评论，会由不同的个性的主体发布，并形成在一定圈子里的有效互动，表现出自己的“这一个”的信息市场的意义所在。而在与新的媒体形态融合互动的过程中，原来的高高在上的传统媒体，其内容和形式，也必将逐步地实现与普通人的非专业性的日常语言和传播方式的对接互动。这个对接互动的过程，无疑会使非专业人士的视野、信息量等得到大幅提升，但对专业性的信息传播，是否会造成“专业性下降”的伤害，以及原有的成熟的专业人士的不适？这是需要我们密切观察的。但是，这场革命，已经是不可逆转了。没有什么理由，可以成为任何主体把自己置身事外于这场革命的壁垒。

理解并把握这个新媒体时代的能力和意识，将直接决定我们每一个人对这个时代的感知与参与的能力和结果。

“新媒体”挑战

2017 年盛夏，我应邀参加了一个关于新媒体的沙龙，与易企秀、艾可思、星河空间、九枝兰、权大师、个推、亲亲小保、犀牛法律等新传媒领域的几位大咖座谈。我在与大家分享自己经验的同时，也从其他几位的畅谈中获益良多。譬如艾可思传媒合伙人李丽娜女士所言的新媒体时代营销的“守正出奇”，易企秀合伙人费睿晨先生所谈的“社交分享中的品牌露出之道”，星河企服白莹女士所讲的“Saas 服务解决企业痛点”……

事后，我回想多年来在媒体领域走过的每个朝夕，萌发了一丝写书的念头，藉此给我的职业生涯做个总结，也给我惦念的一众“微粉”一个交代。这并不是只诉诸我以往工作的经验，也并不囿于我自身的阅历，而是对各类型传媒多元融合时代的一个相对全视角的读解。

在叙述之前，我们需要厘清某些概念，譬如说我们经常提及的“新媒体”，这一说法与“自媒体”不约而同地悄然充斥于坊间，挂在相关人等的嘴边，以至于“孵衍”开来，渗透到各个领域。新媒体舆论搅动着媒体新局，从微博、人人和知乎及其中的 feed 流①，到微信朋友圈的信息

① feed 流：为满足希望以某种形式持续得到自己更新的需求而提供的格式标准的信息出口。

茧房（Information Cocoons），从 H5① 微场景创意的流行，到网络直播的风起云涌……似乎我们无时不为其左右。

新媒体形态

谓之“新媒体”，它被理解为互联网出现后在新的技术支撑体系下的媒体形态。新是相对于过去而言，在各界的学术领域以“新”命名的概念层出不穷，譬如文艺界的“新时期”“新状态”“新体验”“新文化”“新写实”“新水墨”“新生代”等，传媒界也莫能例外。如今我们提到“新媒体”往往先想到微博、微信。其实，新媒体包罗万象，在这个万物皆媒的时代，它已然成为一个镜像、一个大环境的代称，我们见惯的社交媒体、互联网只是其中的一小部分，其触角延伸到云数据、基因工程、生物实验、卫星技术，并在以几何数倍增，疯狂生长与繁殖，我们无法预知未来的媒体将是什么形态？但是我们可以用传媒社会学的视角和营销经济学的方法来尝试分析、梳理与研究……

新媒体相对于四种传统意义上的媒体（报纸、杂志、广播、电视/电影）而言，被列为“第五媒体”。它涵盖了众多数字化的媒体形式，如数字化的报纸、杂志、广播、电视/电影，它有着新科技、新工具的支持，包括网络、手机等。因而，更宽泛地说，新媒体是应用了数字、网络技术，通过互联网、移动互联网、宽带局域网、无线通信网、卫星等渠道，以及电脑、手机、数字电视机等终端，向用户提供信息和娱乐服务的传

① H5：指第 5 代 html，也指用 h5 语言制作的一切数字产品。

播形态。这还包括手机短信、移动电视、网络、桌面视窗、触摸媒体等。随着网络的发展与新生事物的层出不穷，新媒体将不断延伸，它几乎是一个逐步扩展与变化的概念。

当前所指的新媒体，是与社交媒介更为贴切的媒介形式，如微信、微博、论坛、SNS（社交网站）等。新媒体更多的表现为草根自媒体，如：微信、微博、知乎、今日头条、贴吧、论坛、SNS、部落、搜狐自媒体、百度百家抖音号的一些个人自媒体网红。

现在的新媒体主要是指微信、微博以及各大自媒体平台等。微博作用主要集中在提高品牌曝光度上，虽然处于下滑阶段，但微博的最大好处从未变过——蹭热门话题的光。尤其现在由于微博的开放性，许多热门事件仍然是由微博传开。

对于微信来说，微信应该是现在新媒体当中，用户量、用户黏性最高的一个，但是由于微信官方的有意引导，如禁止诱导转发，禁止强制关注，禁止集赞等一系列动作，都让本就比较封闭的微信的传播变得更加困难。

但是，微信公众号的功能性却又是众多新媒体中最强的，对于认证服务号来说，许多做得好的认证企业服务号甚至达到了可以替代 APP[①] 的地步，这样的服务号还免去了 APP 需要下载的麻烦。

自媒体形式

我得益于新媒体，并因而建立了“微爱平台”，而在起初的阶段，我

① APP：安装于智能手机端的软件。

则以“自媒体”出道。应该说，“自媒体蕴含在新媒体”的范畴里面，是“新媒体”的一种形式。从字面理解，简而言之，你自己的媒体便是“自媒体”。比如你申请开通的微博、个人微信公众号、头条号或是其他平台的个人传播媒体，从而分享你的见闻、观点、内容等，那便是你所运营的“自媒体”。

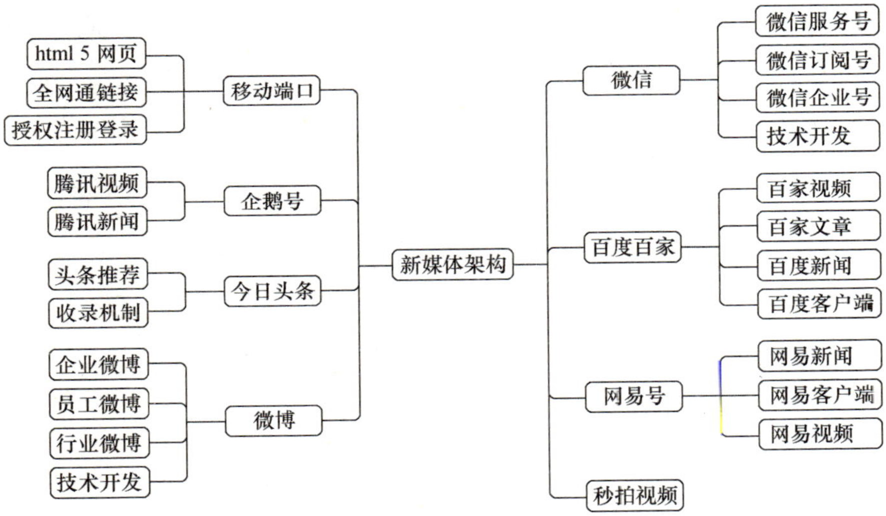

图 1　新媒体架构图

自媒体在国外有另一个名称，那便是 UGC（User Generated Content，即用户生产内容），某些机构也将其称作 UCC（User Created Content，即用户创建内容）。这一概念源于互联网领域的用户原创内容的展示，伴随着以个性化信息服务为主要特点的 Web 2.0[①] 概念兴起。如今的社群网络、视频分享、博客和播客等都是 UGC 的主要应用形式。

① Web2.0：指的是一个利用 Web 的平台，由用户主导而生成的内容互联网产品模式，为了区别传统由网站雇员主导生成的内容而定义为第二代互联网。

自媒体之于新媒体有着继承和从属的性质，同时又独自发扬了自有的特点。作为网络时代的产物，自媒体以媒体的主体为基点，即强调个体的媒体，区别于传统中心化媒体。那些独立进行信息传播的个体都可以视为自媒体，比如说只要有微博、有微信的个体都具有着自媒体属性。网络关系的普遍性使得每部电脑或手机都可以视为一个网络节点，个人也可以拥有强大的节点力量，其发布媒介内容的影响力可与传统大众媒介相匹敌，言论权也不再局限于个别机构手中，每个人都有成为意见领袖的可能性。

可以说，自媒体是针对媒介生产的个体形态的概念，新媒体是媒介形态的表述。技术的进步将不断带来新的媒介形态的诞生，今天的新媒体在多少年后很可能沦为未来的传统媒体。那么新媒体的时效性、相对性和变化性便显而易见了。

社会化媒体

从涵盖的范围上看，我们今天的所有“自媒体”与“新媒体”都具有社会化属性，这便涉及另一个媒体概念：社会化媒体。社会化媒体，也叫作社交媒体，粗略地讲，就是具备社交功能的媒体，是那些允许人们撰写、分享、评价、讨论的网站和技术，其社交功能包括自发传播、高频互动等，它的产生依赖于 Web 2.0 的发展，应为众网民自发贡献、提取、创造见闻咨询，而后传播的过程。它不仅包括微博、微信，现在主流的导购电商、视频网站、社交工具等都是社会化媒体。从中可以看出，社会化媒体侧重在于媒体的属性，即社会化属性。自媒体和新媒体都是社会化媒体的子集。就概念而言，自媒体和社会化媒体又都属于新媒体的形式。

融媒体与全媒体

而当我们谈及媒体形式的应用时，自媒体和新媒体又不足以囊括全部了，传统媒体通常说“融媒体”传播，即将传统媒体与新媒体的优势结合起来，使单一媒体的竞争力变为多媒体共同的竞争力。这更多是理念性的，从字面上理解，就是融合两个以上媒体形式，可以叫融媒体传播。

从更综合的应用层面上看，还有一个“全媒体”的概念，它似乎是目前我们现有掌握的信息流手段的最大化的集成者。一般说全媒体，更多是指媒体平台多、覆盖面广，从字面上理解，就像人和众。

综上所示，这个多元汇聚、日新月异的时代，已经成为媒体的舞台，被各种命名所反映，从“新媒体”时代、“自媒体”时代到“融媒体”时代，说法不一，无一定论，无论如何，这个“媒”字作为一个时代的特征，已渗透到生活的每个角落，并且落在每个人的身上，人人皆“媒”，万物皆“媒”。因而，我姑且称之为“媒”时代。

“媒时代”面临着新的机遇和挑战，新的商业模式和市场法则也将会不断涌现。传统的市场运作面临新媒体的不断入侵，加剧了竞争，传播、消费行为不断转变，同时迎来新的机遇。

“新生态圈”重构

无论你是否愿意，“媒时代”已经如汤沃雪。在现实生活中，各种思想、文化、技术、广告以“新媒体”“自媒体”或“融媒体”的形式如雨后春笋层出不穷，渗透进我们的生活。碎片化（fragmentation）的信息在手机屏幕、电脑显示器上不断地滚动；微博、微信的海量阅读已成常态；点赞、留言、“刷存在感”仿佛成为人们接受来自四面八方的信息后的一个随机反应……媒时代的生活节奏是多元的、动态的，庞杂而高速地分解，上一条还不及消化，下一条已经跃然而上，你很容易成为信息的发布者、传播者，又迅速地被信息的浪潮所淹没，于是我们清晰地意识到它所衍生出来的自媒体形态。

信息流

随着移动互联网的发展，无线时代的到来，信息的传递更便利、更快捷。在今天，信息化的产量和效率已然到了耸人听闻的地步，大量膨胀而过度的信息追逐着消费者有限的吸收能力，如何在这样庞杂的语境下控制信息的流向？如何将一个品牌的信息迅速而有效地渗透到消费者心中？已经成为企业营销面对的重要问题。美国未来学家托夫勒早在20多年前预见未来时便谈到了三个方向：一是分众化，二是个性化，三是碎片化。

随着社会、媒介多元化的震荡，世事因此改变，种种变化迅速矫正着我们的各种认识和思考。当代人崇尚言论自由，微信、微博等自媒体平台给了人们发表观点的空间和途径，购物中心仿佛沦为“消费者的试衣间”，并让他们的信息反馈作用于产品或品牌。在碎片化的语境中也令各种信息不胫而走。

碎片化

有一个比较宏观的说法，传播的碎片化重新定义着商业生态的碎片化，商业生态的碎片化正在定义新的商业机会。当“互联网+”成为经济发展的驱动力量，迫使和推动传统产业转型升级，打破时空束缚，新一轮产业革命的兴起倒逼着不断分化创造出新的商业模式、形成新的价值链。有人说O2O① 的本质就是渠道的碎片化和内容的颗粒度化，每一个人都可以几乎零成本地去感知海量而繁杂的信息，大多数人仿佛都得了信息不对称的恐慌症。自微信、微博竞相绽放以后，移动互联网让人们变得更便捷，省时省事，碎片得不能再碎片的信息每一分每一秒都在不间断地随时推送。

各种各样的媒体渠道日益细化，报刊、杂志、广播、电视四大传统

① O2O：即 Online To Offline（在线离线/线上到线下），是指将线下的商务机会与互联网结合，让互联网成为线下交易的平台。

媒体加上平媒、网媒、户外媒体、自媒体等传播途径差异巨大，而微信营销迅速地成为企业营销活动的媒介新宠。这对营销和营销传播的作用是双向的。双向信息沟通方式的迅速演变，产生更有效的参与感也正暗合了新经济生态的特征。越来越多样化，也变得越来越难以把握的各种状况让我们必须重新思考商企营销的策略和方法。所以说，碎片化的新媒介传播方式、碎片化语境下的消费分解已经成为 Web 3.0[①] 时代的催化剂，将传播工具向更立体的生活世界转变，从日常的信息碎片到分享互动，为营销产业的发展和演进推波助澜，更对各个产业产生了深远的影响。

生态圈

我们还是从“媒”时代的圈层角度看，社会媒体正在形成新的生态圈，并分裂为几个圈层，有以电视为代表的传统媒体生态圈；有以 BAT[②] 为主的互联网生态圈；有以分众、航美为代表的新型户外媒体；而以芒果（湖南电视台）生态圈为核心的全媒体集团在跨界融合的路上，渐入佳境……

① Web 3.0：第三代的互联网。

② BAT：B = 百度、A = 阿里巴巴、T = 腾讯，是中国互联网公司百度公司（Baidu）、阿里巴巴 集团（Alibaba）、腾讯公司（Tencent）三大互联网公司首字母的缩写。BAT 已经成为中国最大的三家互联网公司。中国互联网发展了 20 多年，现在形成了三足鼎立的格局，三家巨头各自形成自己的体系和战略规划，分别掌握着中国的信息型数据、交易型数据、关系型数据，然后利用与大众的通道不断兼并后起的创新企业。

“后微媒体”崛起

数字化信息革命的浪潮迅雷不及掩耳，大刀阔斧地分解着人类生存方式。动动手指就是一片信息的汪洋大海，各种产业呈现出“多样化”“碎片化”的趋势也越来越明显，从产业结构、受众及其消费需求，到资源、服务体系、信息环境、经营管理模式……更有碎片化的社会视角。在智能手机普及的背景下，各类移动 APP 爆发或增长，传播信息的渠道与平台更变得越来越多，越来越宽泛，内容市场趋向细分化，单一的模式所能获得的受众与市场越来越小。

多极化

目前，世界多极化的演变不可逆转，经济全球化浪潮曲中有进，科学技术日新月异，综合国力竞争激烈。文化、经济、政治相互交融，文艺交流互动频繁，人们的思想空前活跃，各种思想观念相互激荡碰撞。当现代媒介呈现出多元化和碎片化的趋势之后，营销和营销传播也随之发生了巨大的变化——它们变得越来越多样化，也似乎变得越来越难以把握。

像赫拉克利特说我们不可能两次踏入同一条河流一样，经常与网络打交道的人们都知道，一旦离开一会儿，再看到的界面和时间都发生了变化。科技加速了电子产品的更新换代，现在人们的生活基本上被手机、网络绑架了，并不断地更新着系统、更换着软件。

新格局

实际上，技术的变化和消费者审美、口味的变化也引起产品不断地从微变到巨变。生活方式的改变也更为迅速，一个思潮一个观念迅速流行开来，又迅速被取代。过去需要到集市、商场里去购买的东西，现在家里一台电脑甚至手机就解决问题；过去需要去钢筋混凝土大理石建筑的银行等待办理存取业务，现在网上银行瞬间转账了，更可以转支付宝、余额宝，或微信红包等，种种现象再次表明，时代在被新事物更新，这些新事物碎片式地侵入了我们的生活。

全世界都是，每天越来越多的新品应运而生，一些久而久之站不住脚的品牌逐步陨落，在激烈的市场竞争里，每个破壳而出的企业都立下了雄心壮志，要在市场上书写上光辉的一笔。时过境迁，寡头垄断的格局早已被打破，多头瓜分一个区域市场终端的状况显而易见。“媒时代”已经到来。

在这样的背景下，“自媒体”的媒介环境成熟了，于是我们见证了以其传播方式为特征的时代的到来。无论是微博、微信，还是播客、社区，抑或直播、论坛，每个注册账号都是一个发生者，都可以视为一个微小的媒体，借助 PC 互联网或移动互联网，传播并分享各种信息，汇成一片信息的汪洋大海。

微媒体

自媒体还有另一个称谓，那就是“微媒体”。顾名思义，也就是很小的媒体。应该说，微媒体是包含个人的自媒体和有些组织注册的小媒体的，不过，总体而言，还是以自媒体形式遍布天下。“自媒体”的概念大概是在2002年出现的，到了中国，以微信、微博的形式走进了人们的视野。为了体现其微小的特点，如今，可以给它一个更好的称谓了，那就是“微媒体”。

我赶在微博兴起最初的几年里，将“总裁语录”这样的微媒体做得风生水起，迄今坐拥百万众也是我始料未及。但无论如何，它还是一个偶尔发点短小的信息或图片的微媒体。最初的这种微博形式出现的微媒体虽然持续运行，但也不比往日，而更多地导向了微信这个微媒体。当然还有今日头条、百度贴吧、各论坛社区、各种直播平台上注册形成的微媒体，对以往的权威和主体价值观的媒体形成了解构，或者是一种另辟蹊径并成万众喧哗之势，而这种解构呈现的多元化、多角度（其实可以说是万众的角度了）、对权威的消解等正是后现代主义的基本特征，而相对于微媒体起初的形态（或者说早期微媒体、前微媒体）就更为多样多变，浩如烟海，于是，我姑且称之为“后微媒体”，这不仅是为了区别于早期的微媒体，意味着一个时间上的推进，也是对其繁衍、量化、多元化、解构意识的一个定位。

“后微媒体”从“前微媒体”的土壤中衍化泛滥而崛起，它指的是一种广泛的不确定的传播方式，而并非是共同的教条，它是可以并必须超越“前微媒体”的泛化形态，在很多人眼里甚至是疯狂的、不符合常规的，它的命名也是对这种非常规的常规化用意，也是作为新的称谓来借以打破原有思维而开辟新路。

无论如何，以微媒体为代表和依托的传播方式已经深入我们生活的每个角落，其形式也是多样化的，并在不断地演化与延伸，全民皆“媒”，每一个的话语权得到空前解放，自由多元成为网络时代的特性，已是大势所趋，我们可以称之为“微媒主义”。微博、微信、微电影、微店、微淘、微站、微商、微课、微单、微商城、小程序、微官网、微会员、微活动、微服务、微统计、微相亲……“微”事物涌现，早在2011年度汉字评选中，“微”就以40万选票独领风骚，“微时代”带来了新的变革。

- “总裁语录”的微博
- 结缘社会名流：潘石屹、蒋锡培、苗鸿冰
- 温馨“对拳”演艺明星：黄晓明、佟丽娅、赵丽颖
- 微媒体的品牌意识
- 微爱（为爱）传承
- “大V”与“小”人物
- 个人与时代

2 Chapter 2 我的微媒体之路

编者按

在这一章中，我们读到的一个核心的词，应该是“命运”。什么是命运？就是你的个性和你的机遇、环境的结合。作者的成长、发展历程，就是中国改革开放历史的部分缩影。

从一个与无数没有任何背景的同龄人相当的，甚至更低的起点开始，在全家的辛勤供养下，凭着自己的努力，从大别山深处的小村子，成为一名大学生，最后在首都北京落脚，开始自己的职场生涯。由自己的工作入手，逐渐理解、把握了这个新媒体时代，为一个敏锐地寻找着改变自己命运的机会的年轻北漂提供的可能，又得到有相似的经历的“贵人”的支持、鼓励、指导，成为一个创业者。

这个接受过正规的高等教育的新媒体的创业者，与那些从家政服务员起步，到建立了自己的公司的创业者，以及仍然在奔波忙碌中，寻找着属于自己的机会的后来者，同本章节中的方总、焦总等先行者一样，其实都是我们这个国家的改革开放进程中，最大程度地彰显着“命运”的内涵的人。

从自己直接面对的环境和机遇出发，在一个机会最集中的地方，在一个进入门槛最低的领域，最大程度地以自己的努力，实现时代、环境为自己提供最大的可能，这就是改革开放的中国，无数走在追求美好生活的道路上的普通人，实践自己的命运的过程。他们是这一段历史进程的参与者，也是实现了自己的价值的佼佼者。相信他们会积极地传播这个时代的最核心的价值——努力改变自己的生活，实现自己的梦想，就是在实现整个民族的梦想。

作者的经历，给予我们的另一个启示，就是在这个具有着无限可能的时代，在新的媒体传播生态中，一些需要经营、维护自己的公众形象的，原来看似高不可攀的大人物，有了一个接地气的渠道，可以与粉丝进行互动的网络媒体平台。普通人只要积极、用心地参与名人的网络媒体平台，就可以得到相应的回馈，使自己的新媒体等事业，得到助力和机会。小人物的小，与大人物的大，都是相对的，因为在新媒体形态下，大家实现了最大程度的机会平等性。这样的经验，值得各个行业的青年追梦者举一反三。

“总裁语录”的微博

当我们置身于这样一个全新的“媒”时代，尤其置身于微媒体的浪潮之中，并与之休戚与共，同时也意味着我们要遵从它的文化逻辑，对其语境保持着敏感度，从而开拓一个属于我们自身的媒体之路。

我的“总裁语录”就是在这样特定的媒体语境下诞生并崛起的。作为微媒体，它显然是沧海一粟，面对纷繁多元的自媒体泛滥的态势、立场与态度，它从几个粉丝到成为微博矩阵千万粉丝的大V[①]。它曾微不足道，或者可以说“人微言轻”，也曾历经艰难，循序渐进，逐年增粉，“总裁语录”最终能够在万众喧哗的“微江湖”中脱颖而出，实属不易。

初心起源

“总裁语录”一开始并不叫作“总裁语录”。那时候，我在一家集团公司做传媒工作，重点负责博客的写作和新媒体的运营工作，推广该企业董事长的个人品牌，在工作过程中发现自己的偏好是企业家群体，于是聚焦于此。我思考着这一群体需要一个精神的集合，在推翻了若干词

---

① 大V：又称网络大V、微博大V，指的是身份获认证的微博意见领袖。

条之后，我偶然选择了一个名词：“总裁语录”。在 2011 年初的时候，“总裁语录”便开始出现在互联网的大海中。

运营之道

起初的一个时候，“总裁语录”并不知名，发布的都是正能量的心灵鸡汤，少有人看。但是在坚持了几个月后，它突然出现在热门微博里。我开始关注并分析转发和评论比较多的内容，发现关于企业管理类和职场励志类的微博非常受粉丝喜欢……之后，我就开始去重复读自己大学里主修的管理学和市场营销学的书籍，发表了大量的关于管理类的原创微博，很多都上了热门微博，并被很多网友传播开来。源于内容的高质量和原创性，“总裁语录”成为了微博推荐的“微红人”，位列新浪微博财经榜第一。

后来有人问我“总裁语录”的运营之道，我回答说：简单的事情重复做，你就是专家；复杂的事情认真做，你就是赢家。

图 1　2012 年间，“总裁语录”连续 6 个月位列财经榜单前十，并曾跃居榜首

结缘社会名流：潘石屹、蒋锡培、苗鸿冰

被推荐为“微红人”后，@新浪财经、多家大V媒体开始和“总裁语录”进行互相转发的互动，这里有@创业家杂志、@创业邦、@共青团中央（各级共青团组织均有互动），同时也包括微博其他的财经博主：@潘石屹@苗鸿冰@蒋锡培@江南春@夏华……

名人效应

今天我总结与社会名流的结缘，应该说这是“名人效应”的一个体现。对于普通人而言，名人是大家熟识的群体，有共识，让人信服，是大众心目中的偶像，是公众人物，有着一呼百应的作用，其或者是某个领域的专家或成功人士，或者是常常在大众面前和媒体上面露脸的人物，老少皆知——也就是说名人一般都具有显赫的知名度和美誉度，所以很多事情上常常借助名人的出现来达到引人瞩目、强化事物、扩大影响的目的。

《战国策》里有这么一则故事：“人有卖骏马者，比三旦立市，人莫

知之。往见伯乐曰：‘臣有骏马欲卖之，比三旦立于市，人莫与信。愿子还而视之，去而顾之，臣请献一朝之贾。’伯乐乃还而视之，去而顾之，一旦马价10倍。”

故事是说，那时候的一个卖马人，在马市上苦苦等了三日也没有把他的马卖出去，于是他就跑到伯乐那里，伯乐是其时远近闻名的相马名家。他恳请伯乐到第二天的马市上，先看一下他的马，再在临走的时候屡屡回首看看这匹马，他一定重谢伯乐。伯乐照这个卖马人的话去做了，几次回头换来的是马价翻了十倍。

藉着伯乐的知名度，给围观的人们一个心理暗示，此马能得到相马大师的频频回首，一定非同寻常。这就是“名人效应”。现在，名人效应早已深入生活，在生活中的方方面面均产生了深远影响，比如名人代言广告能够刺激消费，很多商家会选择形象、气质与产品定位接近的名人作为产品的代言者，替产品说话，替厂商向消费者推荐产品，消费者心理上会习惯将其代言的产品与其本身相挂钩，于是给产品带来巨大利好。

试验分析

关于名人效应，在国外有过这样一个试验，俄国心理学家符·施巴林斯把他的一班学生分作四组，请了一位副教授在不同时间以不同的装束、不同的身份去给这四组学生分别做讲演。虽然他用的是一样的讲稿和一样的教风，但其结果全然不同。第一组，副教授以“教授”的身份亮相，结果这一组学员给予一片好评，形容其“学识渊博”，教风生动活泼、严谨求实，教学态度落落大方，大家认为很多收获；在第二组，副教授以"中学教师"的身份亮相，相对于第一组，学员的评价就很一般了；在第三组和第四组那里，副教授分别以参加过国际赛的"运动员"身份和"保健工作者"的身份亮相，结果这两组的学员反映，讲演者教风浮躁，教学态度不沉稳，言辞贫乏，内容枯燥，以至于还有人抱怨"浪费时间"。其实，副教授发挥的是同样的水平。

由此可见，由于大多数人的心理定势，在传播方面，宣传者或者演讲者有着什么样的社会地位、身份、职业、年龄、外表形貌等因素都对其结果产生重要影响。即便这些预设是虚构出来的，这些外在的表面的因素却分别代表着专业性与可信度，在人们事先预设的心理定位上打了标签，因而人们就对演讲者持有相对应的积极或者消极的态度定势。对有威信预设的演讲者持有积极定式，就会认真虚心地接受他的意见，以至于对演讲者的错误与缺陷也能忽略和谅解。否则就适得其反。

因此说来，名人效应就是一种威信（可信度）的预设，在传播某一事物时，只有提高演讲者的信誉度，才有可能发挥作用，事半功倍。

大咖背书

"名人效应"用一个当下的流行词就是"大咖背书"。所谓"背书"（endorsement），不是背诵书本，这一词源还是来自银行票据业务，也就是票据转让时的手续，是指票据转让时原持有人在票据背面加盖自己的印鉴证明该票据真实有效，也就是证明或声明的意思，称之为"背书"。背书意味着为对付款人付款行为的担保。背书后来用到政治上，就是法律上背书的引申义。其实这个知识并不冷门，和金融、财务或者法律有关的人大概都知道。财务上有“背书”这个名词，“背书人”有保证、担保的义务。用于社会事务，通常是指声明支持某人或某事、为某人或某事发声，一个单位或个人对另一个单位或个人的行为表示支持，以自身的信誉度来证明另一个单位或个人也同样可信可靠，而不是为另一单位或个人的行为进行担保的意思。万一那个人的行为真的出了问题，你不能从经济或法律上追究这个人的责任。这是跟银行业务有所区别的地方。

说起来，“背书”一词，应该算舶来品，费孝通先生在《乡土中国》中提过在乡土社会，背书就是担保，以前人口固定在乡土上，所以祠堂、长老这些人就是信用的象征。

总之，“背书”一词泛用，就是用来表示为某人或某事允诺保证，借此提高事物的可信度。如：为某人背书，意思就是对某人的话表示认可和支持。现在网络上说：在某事上甲人（集团）完全支持、拥护或服从乙人（集团），也有时形容为甲为乙“背书”。

“总裁语录”与名流大V互动，无形中形成了“大咖背书”的效应。

温馨“对拳”演艺明星：黄晓明、佟丽娅、赵丽颖

“总裁语录”在精耕细作的基础上，很快收割了一大批粉丝，并逐渐形成成熟的粉丝生态、多姿多彩的内容形态和互动，同时，与影视明星的互动也获得了一些预设性的效应。

粉丝大道

粉丝的数量是衡量微博大 V 的一个标准，在 2011 年底和 2012 年初之交的时候，“总裁语录”的粉丝不到 100 万，但是微博传播的力量却远远超过了粉丝超 1000 万的博主。“总裁语录”粉丝增加的动力源于三点：

第一，原创的管理和职场励志内容；

第二，巧妙地和微博大 V 形成互动；

第三，一个透明的心灵，没有接受任何的商业广告。

要让你的微博受人关注，并非易事，首先内容很重要，起码是让他人感兴趣的，这就需要你去研究那些关注度和转发率高的微博内容，可

以看看与你同类的微博的前十位，再创作自己的内容，尽量图文并茂，在发布的微博内容的末端最好加上话题，或者是@ × ×，话题尽可能选择社会热点，总会增加曝光的机会。

其次是注重转发。为何有些人的微博数以万计的粉丝，经常会有数以千计甚至上万的转发量呢？而有的却寥寥可数？要想让你的微博转发率更高？先要主动地与人互动，尤其是与一些大 V 互动；对于评论你微博的人，尽量去回复，切不能看过就算了，随后转发，这也是一次重复发布，等于二次宣传，在不同的时间段，看到的人员也往往随之增加，进而可能带来又一轮的评论和转发。

再则注意私信，也尽可能给一些人气微博发私信，如果有与他们所发的相似的内容，你便把你的微博相近的内容的链接发过去，同样增加转发的几率，一个大 V 的转发往往事半功倍。

联袂明星

前面我们提过名人效应，其中应该包括明星效应，在心理学上，这被称为“晕轮效应”。明星因饰演某些角色而广为人知，受人喜爱，于是他（她）就会被一种积极肯定的光环笼罩，并被赋予很多品质，使之身上仿佛有了闪亮的光环，并扩散开来，产生了很大影响，这就是辐射效果，从而产生了边际效应，于是有明星代言的相关的产品也便产生了商业价值。

许多年来，明星效应一波未平一波又起，它具象地落实在我们的生活中，影响着品牌、发型、服装，形成了社会舆论、带动了潮流，对于有些明星穿戴过的服饰、首饰、发饰、鞋子等，甚至被他（她）的拥护者购买而将某一种商品买断造成货品的脱销情况。一个流行语称这为“品切”。

随着网红的崛起，过去的偶像不再是高高在上、遥不可及。明星偶像的存在不仅仅限于屏幕上的图文、影像，微博的产生，让普通人有了和他们互动的机会，可以通过网络去接近他们，可以跟他们沟通，可以跟他们互动，可以听他们说说身边的琐事和他们即兴的感受以及生活日常。追星族和消费者也逐步成熟、行业也逐步规范，明星潮也走向理性。

与赵薇互动

在“总裁语录”与明星微博沟通的过程中，如果说印象颇深的，赵薇是其中的一个。在微博运营初期，有很多草根博主的影响力也与日俱增，“总裁语录”也是从众多草根博主中脱颖而出的。众所周知，赵薇是明星，如何与明星赵薇一起微博互动呢？就像一句经典的话说的那样，和什么样的人在一起就能成为什么样的人。

记得刚刚开始与赵薇互动的时候很简单，就去看赵薇每天发什么微博，什么时间发微博，发什么类型的内容。经过一段时间的观察之后，发现赵薇喜欢关于心灵感悟内容的微博，所以在随后“总裁语录”发布的微博中，经常会添加一些关于心灵感悟的内容，然后去@赵薇。刚开始她可能没有注意和转发，其后的时间里，每有心灵感悟内容必然@赵薇，不久，就得到了她的关注，而后续发的每条@赵薇基本都得到转发。那个时候，还有容祖儿、舒淇等相关的微博明星也会带来转发，这样，“总裁语录”的粉丝也不断地增加，“总裁语录”与赵薇互粉的时期就出现了。因为都是正能量，每天分享的都是很经典的励志语言，赵薇的很多粉丝也随之聚集到“总裁语录”，“总裁语录”与赵薇也便形成了一个互相关注的局面。

我和黄晓明的第一次

第一次和黄晓明的接触是微博里的简单的“嘘寒问暖”，后来相互分享经典微博，偶然私信祝福。《岳飞传》热播时为黄晓明写了一段经典的微博：“【我读精忠岳飞】①性格决定命运：山岳在前飞在后，心态决定状态；②有义才有友：以心相交得挚友，坦诚相见志道同；③忠有度国可富：忠于道，忠于义，忠于仁，忠有度不愚忠可国富；④苦难磨砺心智：经历挫折阅历开拓视野，苦难磨砺心智；⑤英雄的胸怀是委屈撑大的：忍辱方能负重，委屈撑大英雄。”获得了黄晓明的点赞……

后来在一个公益活动中我带着试试的心态向黄晓明发了一条微博私信邀请，没有想到竟然得到了他的微博私信回复，他为这个公益项目录制了一段视频祝福。

基于此，后来我和黄晓明以及他工作室团队的小伙伴们也建立了很好的朋友关系，节日里黄晓明团队每每送来美好的祝福！黄晓明大婚也给我分享了喜糖。

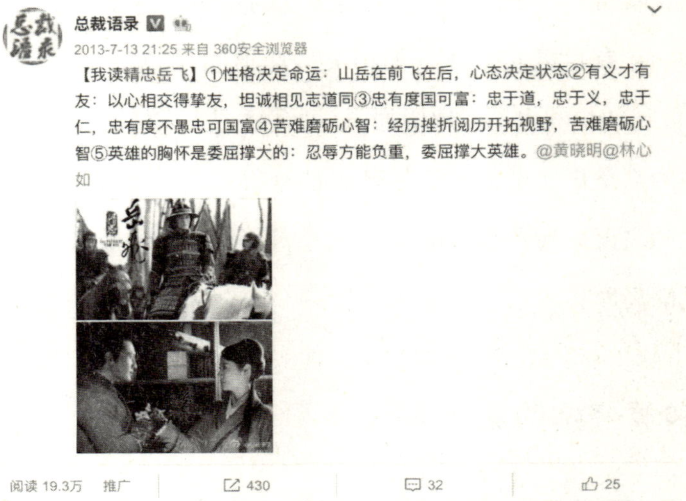

总裁语录

2013-7-13 21:25 来自 360安全浏览器

【我读精忠岳飞】①性格决定命运：山岳在前飞在后，心态决定状态②有义才有友：以心相交得挚友，坦诚相见志道同③忠有度国可富：忠于道，忠于义，忠于仁，忠有度不愚忠可国富④苦难磨砺心智：经历挫折阅历开拓视野，苦难磨砺心智⑤英雄的胸怀是委屈撑大的：忍辱方能负重，委屈撑大英雄。@黄晓明@林心如

阅读 19.3万　推广　430　32　25

图 2　《岳飞传》热播时，“总裁语录”为黄晓明写了一段经典微博

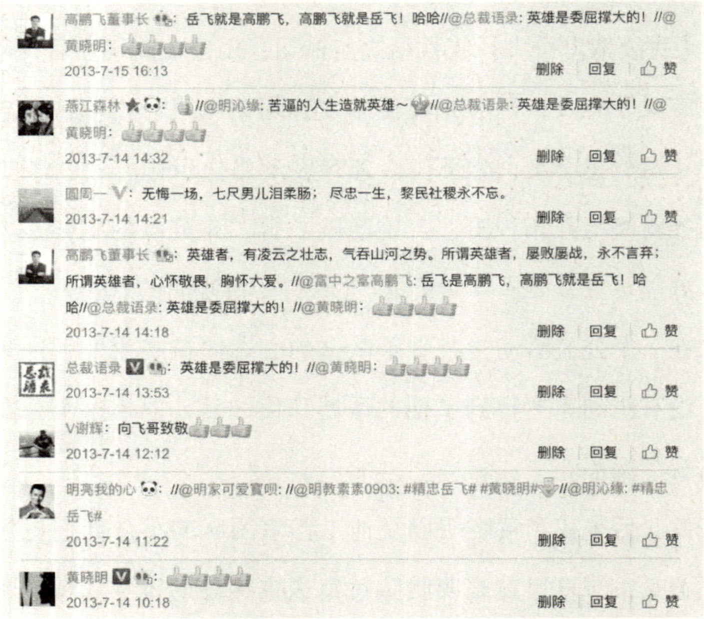

高鹏飞董事长：岳飞就是高鹏飞，高鹏飞就是岳飞！哈哈//@总裁语录：英雄是委屈撑大的！//@黄晓明：

2013-7-15 16:13　删除　回复　赞

燕江森林：//@明沁缘：苦逼的人生造就英雄～//@总裁语录：英雄是委屈撑大的！//@黄晓明：

2013-7-14 14:32　删除　回复　赞

圆周一：无悔一场，七尺男儿泪柔肠；尽忠一生，黎民社稷永不忘。

2013-7-14 14:21　删除　回复　赞

高鹏飞董事长：英雄者，有凌云之壮志，气吞山河之势。所谓英雄者，屡败屡战，永不言弃；所谓英雄者，心怀敬畏，胸怀大爱。//@富中之富高鹏飞：岳飞是高鹏飞，高鹏飞就是岳飞！哈哈//@总裁语录：英雄是委屈撑大的！//@黄晓明：

2013-7-14 14:18　删除　回复　赞

总裁语录：英雄是委屈撑大的！//@黄晓明：

2013-7-14 13:53　删除　回复　赞

V谢辉：向飞哥致敬

2013-7-14 12:12　删除　回复　赞

明亮我的心：//@明家可爱寶呗：//@明教素素0903：#精忠岳飞# #黄晓明#//@明沁缘：#精忠岳飞#

2013-7-14 11:22　删除　回复　赞

黄晓明：

2013-7-14 10:18　删除　回复　赞

图 3　“总裁语录”与黄晓明等在微博上关于《岳飞传》的互动留言

图 4 微信扫码观看黄晓明老师与“总裁语录”互动寄语

图 5 黄晓明送给“总裁语录”的结婚喜糖

佟丽娅给我的婚礼祝福

如果说微博女神，我最仰慕就是“我们的丫丫”了，记着她和陈思诚的《北京爱情故事》热播的时候，我是连续看了多遍。所以在我的微博里也曾发布了很多关于佟丽娅作品的经典微博和语录。当然，正能量是不可缺少的，这类的微博也获得了佟丽娅多次的点赞和转发。

图 6　《北京爱情故事》热播，“总裁语录”发布微博，得到佟丽娅留言

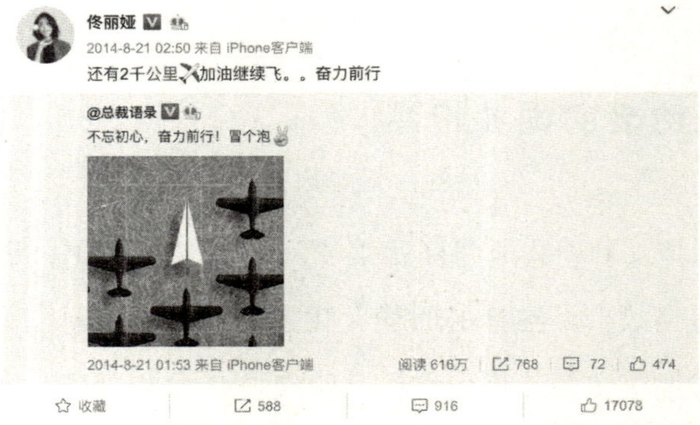

图 7　“总裁语录”与佟丽娅微博互动

我结婚的时候，给微博好友分享了这个喜讯，没有想到佟丽娅看到私信后，助理为我录制了一段视频祝福。后来佟丽娅和陈思诚的电影《北京爱情故事》首映礼邀请了我们去参加。

图 8　佟丽娅送予“总裁语录”的结婚祝福

梁冠华老师的视频祝贺

第一次发起“总裁微友会”的时候，梁冠华（狄仁杰扮演者）得知后送来了一份祝福，也是在这次聚会上我开讲了自己研发的“总裁微营销”课程。

图 9　微信扫码观看梁冠华老师与“总裁语录”互动寄语

赵丽颖工作室快递的节日礼物

“总裁语录”和赵丽颖的接触源于我朋友圈里的一个贵人，他就是@一哥黄斌，包括后来一直保持着朋友关系的黄晓明工作室同事李达。经过4年的网络交流，我和李达终于约在青年路见了第一面，当时他还是赵丽颖工作室的小伙伴。虽是第一次见面，我们彼此却非常熟悉，没有任何隔阂与尴尬气氛……也就是这样的一种友谊和情怀，我在节日的时候收到来自赵丽颖工作室的精美礼品。

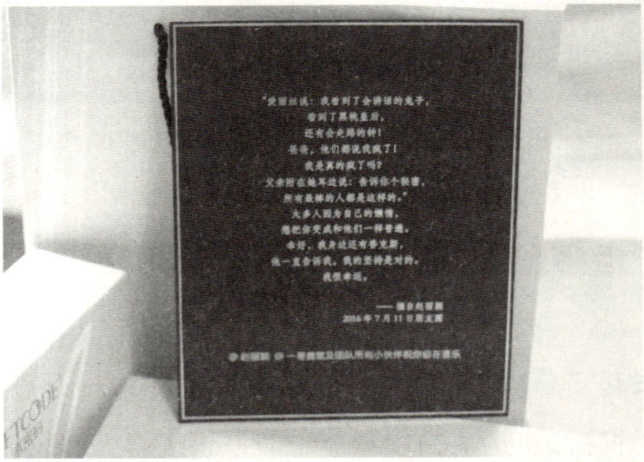

图10　赵丽颖工作室送给“总裁语录”的节日礼品中的附言

微媒体的品牌意识

一个微媒体做得好，自然就产生了品牌效应。微媒体绝大部分都是以个人自主发布为主的，因此，要成为微博大 V 就要具有品牌意识，在你的领域圈层里打造和建立个人品牌。比起传统的品牌来说，网络的自媒体品牌往往有个人化倾向，虽然很多网红因为某些大胆的行为举止一夜走红，但那并不能形成真正有价值的个人品牌。而一个好的微媒体品牌也是要深耕细作的。

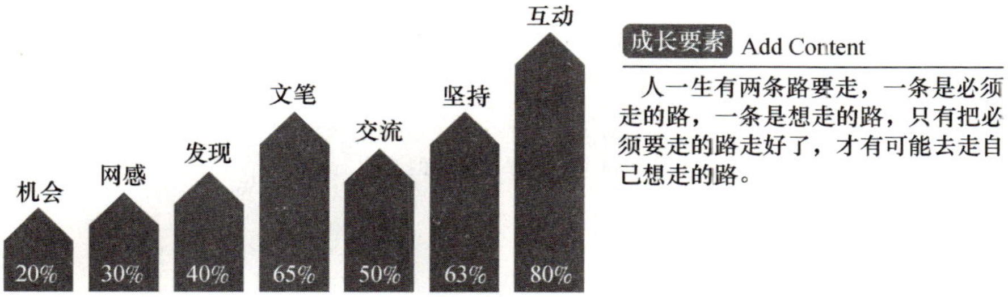

图 11　大 V 自媒体成长要素

企业大道

“总裁语录”在建立微博品牌的阶段，除了对内容的精益求精和持续互动、分享，就是走一条与总裁和企业微博互动的康庄大道。既然叫作“总裁语录”，那么选择面对的总裁群体，与标明同属性职位的微博互动是不可或缺的。这些年来，“总裁语录”主动评论、留言、私信互动的企业和总裁不胜枚举，并形成了长期互动，为“总裁语录”点赞的上市企业大略列举如下：

香港龙华汽车

龙润茶集团

理想科技集团

盘龙云海

海信集团

海尔集团

南旋控股

百住公寓

众安保修

吉利汽车

……

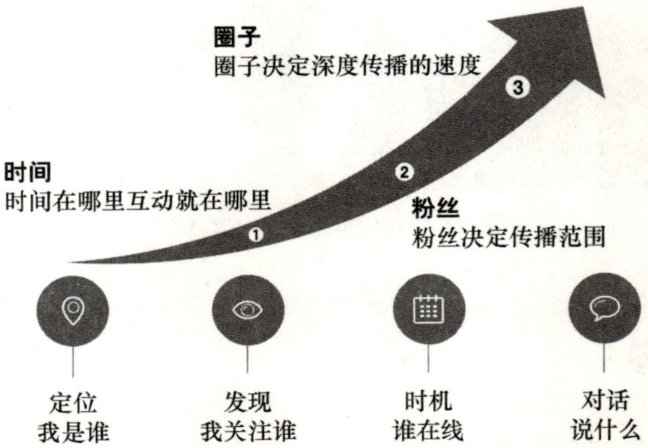

图 12　互动营销七步曲

微影响力

借助微媒体进行品牌推广营销塑造商业价值已经是一种共识。从某种程度上可以看出，微媒体中的节点传播拥有着不可思议的威力，其传播的影响力随传播节点几何式扩散，在非常短的时间内便足以汇聚大量的关注度，从而引发社会热议。

互动微营销的七部曲。

①定位：你是谁？要做什么？什么目的？

②品位：发什么内容？和谁一起互动？

③换位：什么是他/她喜欢的？如何引发互动？

④有位：如何秀出你的微博性格和颜色？

⑤归位：回归原点，微博中如何传播你的品牌？

⑥借位：教你做出影响力，成为意见领袖。

⑦地位：粉丝认可，朋友肯定，人脉圈子。

对于“总裁语录”来说，影响力最大的和最广的，有几个标志事件：

（1）众多明星的关注：赵薇、佟丽娅、黄晓明、梁冠华等明星的转发和关注；

（2）新浪微博的推荐成为微博红人，经常出现在热门微博排行榜的信息流里；

（3）企业家结缘：龙华汽车创始人方子强和盘龙云董事长焦家良等；

（4）“总裁语录”的精神能力帮助了越来越多的人更加自信。

微爱（为爱）传承

创业是一条不归路，也是一条偶然的成功路！离开上家单位，并没有创业的计划，因为已经有多家高薪酬的企业希望我可以加入，待遇自然是可想而知的丰厚。

第一笔天使投资

离开上一家公司休息了两个月的时间，游走在中国大地的各个城市，2014 年 8 月 1 日我无意中在香港遇见了一位有两面之缘的老朋友：方子强先生。

没有任何目的和企图的交流，简单的几句聊天！清晰地记得方总说了这样一句话：你还年轻，大好时光还很漫长，我支持你创业！简单的几句话，我未曾答复，他见我没有回应就说：回去之后，需要资金告诉我。就这样没有任何投资期待和创业企图的我，走向了自己的创业之路，也拿到了第一笔天使投资。后来给自己的创业团队命名为：微爱传承。希望将这份通过微媒体实现的爱的力量传播下去。

说到此，我有必要插播一段有关伯乐或者通俗地说是贵人的话题，其实这也是关于改变人生的一个话题，但凡成功人士，哪一个又没有得到过伯乐或者说贵人相助呢？即便你是千里马，也要得到伯乐的垂青才能出类拔萃，伯乐就是千里马的贵人。那些大家所熟知的新媒体创业者也都是得到了资本的资助，投资人就是他们的贵人。俗话说“出门遇贵人”，人在外谋生、发展，倘若遇上一两个贵人相助，可谓幸运。不过，若要得到贵人相助，首先要有正能量。虽然说得到贵人相助是要有机缘的，但也并不是靠什么运气的，机缘也是要自己争取的，另外即便是有机缘，而你没有相应的能力和素质，怎么会得到贵人的信任和欣赏呢？那也只能错失良机。

作为我生命中的第一位贵人，方总给了我很多的人生指导，他本人的人生经历就是一本好书，很多人都只看到了方总在汽车业风生水起的成功光环，却对这背后的艰辛故事一无所知。方总是个很低调的企业家，他从不把过去经历的苦难拿出来示人，我也是在这几年的往来中很不容易地慢慢了解到的，请允许我借此机会简单做一下描述吧。

方子强先生年轻的时候受过很多苦，现在看来可以说是在吃苦中厚积薄发，那时候正值三年自然灾害，他上山种田，由于缺盐缺油，他采栗子、打田鸡，用脸盆烧柴熬红薯汤，烧出的汤如牛奶一样，地瓜叶子是主食，吃得人大腿浮肿。

后来他调到德兴铜矿化验科，在流水中打出来矿石化验矿物含量，每天有半斤牛奶，45 元/月工资，48 斤粮票，一星期可以看一场露天电影，那就是他矿工生涯的一点福利。一路开山炸石头打隧道，那是一项很危险的工作，和他一起工作的工友就在他的前面被塌陷下来的山石压死了。他死里逃生，避过一劫，待把工友的尸体挖出来时已不成形，面目全非，惨不忍睹。

1963年他申请去了香港探亲——拿着全部家当也不过是500元钱，去探望打工的父母，香港满马路跑的汽车让他目瞪口呆，由此移居香港。开始他在香港找工作，从学徒做起，修汽车，100元一个月，还要人事担保。那时候的学徒不像如今着重培养让他快点上手，而是每天做着脏乱差的杂活累活：拆轮胎，洗零件，还要给师傅买烟递水拍马屁，技术是很难学到的，有时连伙食也常被人抢去，受尽欺凌白眼。他只能忍气吞声，偷师学艺。学徒时的苦楚让他睡在母亲的上铺默默思考着未来。

后来满师三年，他离开那里，自己开了一个修车厂，不过是一个很小的门面，只能放一台车。因为没有关系，无法立足，只好又去打工。那也是一家小车行，他帮老板洗衣服，处理油污，洗工具，杂七杂八什么都干，有时出外救急，因为下雨天的车很容易熄火，回来师傅打赏给他两元钱，可以买个菠萝包。

期间，他同时打过多份工，白天到制衣厂去烫衣服，晚上去开出租车，见面交车，去送夜总会客人。他车速飞快，拼命拉活，一班能烧两箱柴油，为了生计，为了养家糊口，其中心酸只有自己知晓。

后来他又自己出去创业，开车行，找了一块地盘，搭了一个棚，开始修车。招了几人，慢慢做起来，再后来城市建设规划，将他的车行拆了，赔了几万元钱。他拿这笔钱买了一辆车，开出租，拉客。后来又去开小巴。他什么车都会开，巴士、卡车都不在话下。

内地改革开放以后，他赠车回乡。随后他便注册了龙华公司，将车生意做到了内地。他把房子抵押给银行，开信用证，跟丰田订车，在住宅楼里以2500元租了个房子做办公室，天天在香港卖车，把广告打出去，日渐坐大。

在公司发展的过程中，他也曾几经磨难，还是20世纪90年代，那一年下大雨，发洪水，香港满街是水，380多辆车放在龙华公司的一个车场上，一夜之间全部被水淹了，几千万元瞬间蒸发。直升机拍下的当时的新闻镜头正是龙华车场，香港同行看到，都认为这次龙华死定了，但是方子强先生挺住了。他每天放水洗车，请来雷克萨斯、丰田的技术骨干从早干到半夜，有老板天天跑来问他今天有什么处理的车件。车洗干净后送到上海修理，打折出售。有一个黄牛买了之后又卖给一位客户，客户去保养发现是水淹过的要告他，那个黄牛根本无法找到，他只好给客户退款，退回的车他自己用了。

汽车生意需要不断地开辟新的市场，他跑到武汉、苏州、厦门，找中国汽车进出口公司合作，以深圳文锦渡为提车点……随后他在浙江宁波设立了4S店，发展到广东、华东地区，包括深圳、顺德、贵阳、杭州、温州、乐清、宁海、舟山等，就这样一路做起来了。

方子强先生的创业经历一直激励着我，同时他也一直关注鼓舞着我，通过在微信、微博上的交流与分享，我在方总那里受益良多。

第二笔天使投资

2014年一次偶然的机会，盘龙云海的董事长一条短信约我前往乐坛西路相见。盘龙云海的领军人物，是我的一位忠实粉丝，我应邀赴约……这一次是2014年7月17日，我和焦总聊到了未来的规划和方向，他欢迎我进入盘龙云海旗下的团队任职新媒体总监，没有任何准备的我没有拒绝……

短信的内容记不清了，大概焦总非常客气地说道：“徐兄，您好！如有时间今晚约您月坛西街我的会所见面，盼回。”

见面之后，一起吃了云南米线，焦总赠送了一本他的新书《理想成功学》并合影留念，4 年过去了，这本书我珍藏至今。饭后，他说：从微博上看我一直认为您是一个长者，至少 50 岁左右，见面原来是一个小伙子，看来我也被网络骗了！哈哈大笑。谈到我，我讲述了自己的人生经历：我就是一个普通的人，来自大别山深处的一个小山村里，在我没有出生前，父亲就已经是一个残疾人……家里两个姐姐为了能够让我读书，节省出学费，她们俩先后辍学把上学读书的机会给了我，就这样我顺利地读完小学、初中、高中、大学……

那天聊到很晚，我回忆了上学的经历是非常值得怀念的：上学的冬天里，家里没有钱买新鞋，我光着个脚去上学，到小学五年级我依然穿着姐姐们穿过的外套……上了中学以后每周要步行 50 多里的山路，后来有了自行车也需要 4 个小时的路程……

听完我的回忆，焦总说：真的不容易，真心欢迎你加入我们的团队。

焦总支持我创业，并给我提供一份创业基金。就这样第二笔天使投资，让我成为了百万元的创业者。

在此，我还是要插播一段，介绍一下焦总焦家良——焦总目前任理想集团董事长、龙润集团董事长、香港龙润茶集团董事局主席、云南盘龙云海药业集团股份有限公司董事长、美国 LongStar 集团董事长等职，曾获全国劳动模范等荣誉称号。可以说他是一位名副其实的新媒体时代的大 V 企业家。为什么这样说呢？记得 2014 年的那次相聚，我们讨论了新媒体未来的发展，他对微博更是情有独钟，经过 7 年多的微博写作，每天坚持发布 5 条微博，即使到凌晨的两三点钟他依然不忘自己的这份

“微博生活”；有一次微博好友聚会，他自豪地和大家分享说：“说起微博，‘总裁语录’的徐应旺是我的师傅。”这句话让我非常的惊讶和和感动，惊讶的是“总裁语录”竟然有这么大的影响力！感动的是这一切付出获得了公众人物的肯定和认可。

2014 年，我穿着衬衣飞到昆明，昆明的午后下起了小雨，天气微冷，龙润集团的老总焦家良看我只穿着单衬衣，就回到了自己的房间拿了一件外套给我，至今想起十分感动！他陪我们在这里待了一整天，和理想、龙润的小伙伴们共同探讨了互联网、新媒体等话题！一年多过去了，龙润大龙潭，已经发生了巨大变化，2015 年冬至，他树起了正门！

图 13 “总裁语录”·新媒体之路

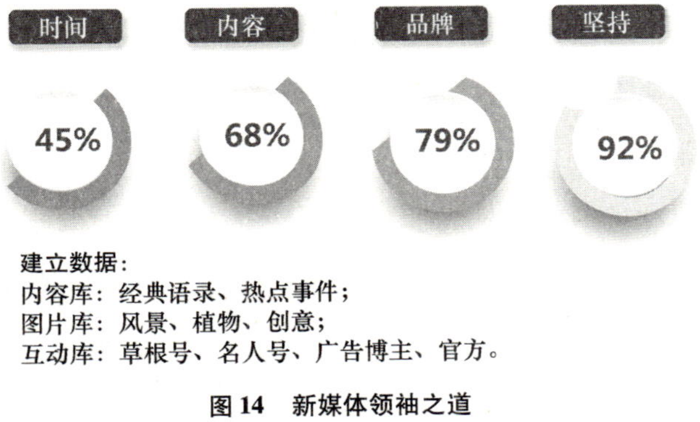

图 14 新媒体领袖之道

“大 V”与“小”人物

每一个有志于从事微媒体事业的微友，目标都是成为“大 V”级的公众舆论人物。而在这个奋斗的过程中，以及在奋斗“成功”后，并不是都能守住进入这项事业时的初心，最终也因此行之不远。这种情况很重要的一个原因，就是没有真正认清微媒体事业特有的，“大”与“小”的辩证关系。

我们要明白，在时代的潮流面前，任何“大 V”都是微不足道的，都要始终保持敬谨之心，精进之势。

任何个人的成功和进步，最重要的因素，都是适应了时代的潮流，把握住了时代提供的机遇。而微媒主义时代，就是信息化、市场化结合激荡的一个重要的结果。这就决定了微媒体时代的基本规律，核心就是“大 V”与“普通微友”的互动关系。对此，我们需要展开一个历史的视野，才能理解。

在传统社会的农业文明背景下，不论是农耕活动，还是城镇的手工业等，共同的特点，都是以人力、畜力为基础，辅以简单的工具，凭着个人的经验，对土地、材料等，进行直观的劳作、加工，获得产品。这就决定了，其产出始终是有限的，能够养活的人口，也是有限的。因此，

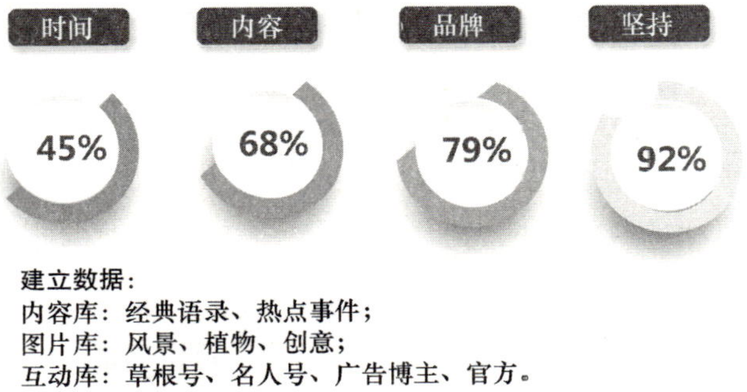

在传统社会的农业文明的背景下，那些“手艺人”的群体的容量，必然是有限的。这就决定了，其入行的门槛，首要的不是智商、情商、经验等，而是直接的，个人对行会组织乃至对行会里的个人的人身依附关系。必须明确这种依附的意识，确定能够尽到对依附对象的义务，也就是放弃了自己的个性和自由后，才能进入一个行当。如果拒绝这种依附关系，就会被整个行业排挤孤立，无法入行；如果入行后，企图对这种依附关系有所改变，触发一些灵感活力，也会被驱逐出来，更会受到整个行业的惩罚。

在这个背景下，行业内的上下尊卑的等级关系，是明确的。虽有温情的时刻，却是维持整个行业生存的，必须遵行的严苛的法则。对这个法则稍有违背，甚至可能付出生命的代价，仍然会被整个行业的多数同行“厌弃”，所谓“不得好死”是也。

到了近代的工业革命推展开以后，生产力的瓶颈被突破，产品进入越来越“极大丰富”的状态。在这个状态下，各个行业的核心问题，就不是怎么生存，而是怎么实现投资收益的最大化。而要实现这个最大化，就必须让尽可能多的人的技能发展起来。这样，一来可以提供更多的劳动力和专业人才，进一步提高效率，使得本行业更快地发展起来；二来可以尽快提高尽可能多的人的收入水平，改变其消费的结构和习惯，使自己行业的产品，得到更大的市场空间；三来就是可以触发更多的人才的灵感，使他们在相关的行业，实现“触类旁通”式的，在原有的视野下不可能有的突破，从而提升整个社会的发展和消费的水平。

因此，在工业文明时代，各个行业，从其本质性的规定，已经由封闭转变为开放。但由于一些核心技术的开发，是需要私人或者企业，投入大量的资金、时间、精力等，才能完成的。所以，为了收回投资，实现利润的最大化，还是会对这些技术，有一定的保护机制。这个机制的最核心制度，就是专利制度。这个机制，也形成了一个准入的门槛。没有相当的个人专业能力，没有相当的资金技术实力，是无法进入一个行业的较高端的位置的。而个人的专业能力，不仅需要个人的勤奋学习，刻苦积累，也需要相当的条件和机遇，使其得到实践的机会。所以说，这个时代的特点，就是各个行业的进入门槛越来越低，而上升的通道，对个人、企业等主体的主客观条件，要求其实是越来越高的。

而在进入了信息化时代之后，又发生了一些变化。

信息化时代的技术条件，或者说是硬件的建设，从研发到制造再到推广，各个环节的成本都更高了。单个的企业，已经不足以承担这样的成本和相应的风险，必须有一个更高级的机构，来统筹各种资源，完成从基础研究到产品研发，以及最后的生产、推广、升级的整个过程的筹划和投入的组织。实际就是集中全社会资源，且由整个社会来保障，总体的投入，不会有什么真正的总体的风险，只有各个企业的兴衰生死，这样才能实现信息化的迅速发展推广。

这就决定了信息化时代的一个基本特点：整个社会，必须让尽可能多的人，能够得到上升的机会，触发他们的企图心和能力，才能使得整个社会的投入，最大程度地显示其效益，进而组织下一步的投入，向更高的层次突进。这是一个不能停下来的，必须激励尽可能多的人参加的游戏。能够进入这样的游戏的社会，必然是生产已经高度发达，产品足以覆盖全民，都可以衣食无忧的社会。只有在这样的社会中，才能容忍，或者说“养起来”越来越多的人，从事看似“辛苦”，其实并不能直接创造财富的，“无效无用”的“劳动”或者说是“探索”。而这些“无效无用”的活动，积累到一定程度后，就一定会激荡出真正的创新的成果。如此，社会就将由此实现整体的跨越。

只有理解了这样的社会发展趋势，才会理解诸如“每一个人都是有无限可能的”。因为在这样的时代，重大的突破创新，不会是一个人可以完成的，必须是在一个所有的创新能力迸发涌流，不断地竞争、碰撞、激荡的过程中，由少数幸运的人，机缘巧合，完成最后的突破。而创新活动的奇妙之处就在于，很多有心的“奋斗”，未必会是在创新的正确的道路上前行。而一些看似“闲来无事”甚至“闲极无聊”的活动，却可能引燃创新的火花。再刻薄，或曰“残酷”一点说，有些在传统的农业社会的勤俭的习惯，在工业社会中，就是遏制消费升级，阻碍社会发展的陈旧观念了；而在信息化时代，缺乏创新的，按部就班的勤奋学习，以及在原有思路下的钻研活动，可能真的如拿破仑所言，是最不可取的，“既愚蠢又勤快”的“负能量”了。

当然，需要再强调一下，那些真正完成最终的有意义的突破的人才，必须是有扎实的理论基础，丰富的实践经验积累，因而有真正的原创能力的团队。成为这样的团队的领军人物，或者真正起作用的普通成员，都需要个人的专注和努力。但并不是所有的有这样的素质，付出了足够努力的人，在整个社会进步的意义上，其贡献就一定大过一个在原来的观念中，沉迷一些“玩物丧志”的活动的，“不思进取”的人。这些人的一些活动，在各种机缘巧合下，在信息化时代的充分交流下，往往会触发真正有原创能力的团队和人才的灵感，成为实践中的创新的源泉。

这两种“人力资源”的组合碰撞，对信息化时代的社会来说，确实是一个重大的，甚至可以称作“核心”的课题。目前看，还是“足够多的人‘不务正业’，然后‘碰运气’激发有原创能力的团队实现真正的创新，并由更多的人‘不务正业’来加以完善推广”的模式，是比较现实的模式。这是因为，信息化时代的创新，已经是越来越缺乏“计划性”“既定性”的活动。没有哪个人，可以同时具备这个时代的创新发展所需要的，既“自由奔放”又“专注勤奋”这两种特质。

更何况，这个社会里最多的，其实是希望有所创新，但却由于主客观的种种原因，只能从事实际上按部就班的劳动的普通人。他们既有“雄心”，又无法拒绝各种现实的诱惑，也没有真正的实现“雄心”的能力、心力，只能是“随波逐流”，实际是连接着前述的，互相激荡的两类人的中间群体，其实也是整个社会的创新发展的过程中，必须具备的两类人的基础。他们所共同形成的氛围机制，也决定了专门的人才群体的视野，以及“不务正业”的群体的“玩耍”的条件。更重要的是，他们是这两类人的候补者。既有可能“上升”，也有可能“堕落”。坦白地说，随着整体社会技术水平的提高，“上升”的独木桥，已经越来越窄，而“下降”的通道，却是越来越“宽松”了。但不论怎么样，各类人等，都是整个社会发展的，不可缺少的正能量，却是被越来越多的人认识到的事实。

这个基本事实，才是我们所要分析的，微媒体时代的基本的逻辑。在这个时代中，聚焦在新媒体领域，其实，“高大上”的“大V”们，与普通的微友、网友们，都是一体的。绝大多数的“大V”，都是没有什么显赫的社会地位，耀眼的光环作为起点，而是由普通的微友、网友起步，经过自己的努力，把握住机遇，发展起来的。所以，真正的有追求的

“大 V”，要明确三点基本的认识。

我的起步，就是“小”的，没有当年的“小”，就没有今天的“大”。

我的地位，或者说影响力，其实也是靠那些“小”来不断支持、启发、激荡，才能成就，并维持发展的。特别要提醒的是，所谓“在网络上，没有人知道你是人还是狗，或者是大狗还是小狗”。一个在网络上的普通的，甚至是“渺小”的网友、微友，可能既是一个普通人的粉丝，也是在社会上的一个很不普通的，真正的“大人物”。善待每一位真心与自己进行有“营养”地交流的“小朋友”，才能得到真正的“大收获”；

就是在时代的潮流面前，我们每一个人，其实都是渺小的。在这个时代能够成功的人，在另一个时代环境下，应该也不会差的。但确实是这个时代的基本逻辑，决定了今天的成功者的路径、模式。如果对这个时代的基本逻辑没有深刻的认识与把握、遵循，很可能会“稀里糊涂地上升，又稀里糊涂地滑落”，成为昙花一现的流星人物。

综合上述，对于有志于从事微媒体事业的朋友，最重要的启示，就是要把握好“大”与“小”的辩证关系。

在起步阶段，不要怯于自己的“小”，要有“我也能成为‘大 V’”的自信，积极主动地与各方面的要人、名人、“大 V”等，进行有温度、有内容的互动。只要对方真正理解了这个时代的基本逻辑，对那些真正有温度、有价值的“搭车”者，他们的回应，也一定会是有温度、有内涵的。这样，“小”网友、微友，就可以直接与一线的“大家伙”们，以及他们的微媒体运营团队，建立起各种业务联系。在这之后，只要善于调动组合各种资源，就可以实现各方的互利共赢，持续发展；

到了自己成为“大V”，乃至名人、要人后，如前所述，也要认识到，那些真正肯与自己谋求合作的“小”家伙们，往往会发现并把握自己的盲区中的巨大的空间。与他们进行有意义的良性互动，不仅仅是培养、巩固自己的影响力、美誉度等，更是拓展新的网络传播空间的，最直接、最有效的途径。信息化时代，固步自封所能依赖的“壁垒”，不仅薄，更是脆，傲慢迟钝的运营，是直接摧毁这个“壁垒”的行为。而如果能以积极温情的互动，体现自己随时渴望与“后来者”合作共赢的诚意，则可以获得无限的可能。

这就是信息化时代传播的“大”与“小”的关系。

个人与时代

每一个人的发展，都要靠个人的努力，也要考虑时代的因素。准确把握好这个关系，才能做一点个人微不足道的贡献。

回顾我自己的微媒体创业的过程，对这个结论的认识，是无比深切的。可以说，我的创业发展的过程，就是中国的改革开放的最活跃的时期的一个投射。

如我在前文所介绍的那样，我是从大别山深处的农家开始自己的人生历程，全家含辛茹苦，供养我到大学毕业，自己在商海打拼，从企业的微媒体宣传起步，得到了方子强先生、焦家良先生等贵人的支持和鼓励、指导，才正式迈出了微媒体创业的一步。如今回首，我应该感谢的，首先是给予我直接的支持、指导的贵人，更要感谢自己生长发展的这个时代。回首我的创业历程，以及与各位贵人、老师的交流过程，我想，使我们走到一起的，不是什么“投资收益”的考虑，而是我们无意间实现了交流的，对于这个时代的共同的感悟。

我们都有从贫寒中起步，在没有退路的情况下，把握住时代机遇，自己辛苦打拼，直到取得一定的成就的人生历程。这个历程，是与中国改革开放发展进步的历程高度契合的。

在我出生前，也是方子强先生等上一代成功者的青年时代，是我们国家为后来的发展积累探索的阶段。一方面，探索中难免失误；另一方面，整个社会需要集中全体人民的劳动的剩余价值，成为未来发展的积累。因此，人民生活水平，在覆盖了一代人的时期里，是没有直接的提升的。方子强先生，需要背井离乡去香港，争取新的生活，却只能从没有任何保障，没有尊严的学徒工起步。凭着自己的改变命运的心劲，坚持到了中国开始改革开放的时代，成为时代的幸运儿。而所谓的“幸运”，其实是他之前的辛酸打拼的最直接的回报。但必须承认，是时代的潮流，使得他的这份回报得以实现。

而我则是改革开放时代的每一个社会进步发展的，最直接的受益者。当然，可以无愧于心地说，我能有现在的一点小小的成就，也是我自己的努力的结果。因此，那些“总裁语录”中的“鸡汤”“感悟”等，对旁人也许是真正的“鸡汤”，对我和方总、焦总这样的，有着相似的经历的人，却是真正的触发了无数的辛酸或柔软的记忆的感悟。就是因为有着这样的共鸣，他们先是成了我的“粉丝”，又能够毫无功利之心地，支持、指导我的创业和人生。我相信，他们对我，不仅仅是“同病相怜”或者“惺惺相惜”，更是希望我们共同的，对于中国改革开放带来的发展进步的感受，能够藉由我的微媒体平台，向尽可能多的人去传播、分享，使得我们共同的感受，能够成为更多的人的，推进改革开放不断深化拓展的坚实的心理基础。这就是马斯洛的“五层次人格需求”中的最高层次——自我实现的需求，在我身上的落实吧。这是我的幸运，更是我的责任。

当然，我更应该强调的是，是这个时代提供的信息化传播的平台，以及丰富多元的社会利益结构，价值观念的思想市场，才使我有了可以结识方总、焦总等先行者的机遇，也使我可以不必在原有的媒体体制中，一点点熬出自己的机会，而能直接按照自己的想法，与各位微友直接交流自己真实的想法，最快地、最方便地，在网络空间中，聚集起自己的同好同道，大家互相激励碰撞，才走到了今天。我不能辜负方总、焦总等贵人的信托，也不能辜负各位微友的认可，要在为改革开放弘道的事业中，贡献自己的一孔之见、绵薄之力，更要激活更多的有识之士的力量，共同汇聚成一股推进改革开放、社会进步的洪荒“微”力。

人事有代谢，往来成古今。时代在不断地前行，实践的主体也在不断迭代，对一些问题的认识，也必然不断深化扩展。信息化时代的最大特点，就是充分的、平等的交流。我们也希望，有更多的“70 后”“80 后”“90 后”，参与到我们的信息交流、观念激荡之中，更希望更年轻的“00 后”“10 后”的小朋友们，能够尽早成长起来，参与进来。

- 化无形为有形
- 像蒲公英一样传播
- 微媒体的牧羊人
- 从垂直思维到平台化思维
- 创新思维
- 沉淀时间

Chapter 3 新思维

编者按

这一章介绍的，是作者自己对成为新媒体生态下的“中心人物”的操作技巧的感悟。在新媒体刚刚被我们掌握、运用时，我们第一时间的直观的感受，可能是它的高度的“平等”和“自由”。但当这种业态逐渐成熟，我们又会发现，其实，它是有自己的新的体制的。传统媒体的直观的权威中心化，已经不可能“恢复”了。但新的媒体生态，并不是真正的去中心化，而是新中心化。这个新中心化的主要形式，就是分中心化、多中心化。

在原有的媒体形态中，我们获得和运用信息，是可以寻找一个权威，从他们那里，得到包括来龙去脉、深度解析、完整的信息包的等的。而这些权威，他们的发布平台，又是有着垄断性的传统媒体。在新媒体时代，人们的阅读习惯，已经高度的碎片化、速食化，即使有完整的信息包发布出来，也很难得到受众的关注了。那些从不同角度、不同侧面，对信息进行取舍、凸显、评析、传播的自媒体、微媒体，成为了多数人获得信息的主要渠道。既然是主要渠道，也是商机越来越集中的所在，也必然是在信息化、市场化激荡的背景下，发展最快的形态。但不是所有人，都有精力、心力、渠道等，得到并深度处理第一手的信息，并使自己的信息，成为所有人的需要。这就产生了新媒体形态下的新的权威，或者说，新的中心化。

一些致力于专注搜集、整理、处理、转发的主体，会逐渐与其提供的信息的特质相符合的互动对象。这些互动对象又寻找、引进新的互动对象。当这种对象达到一定的数量后，就会使其成为一个事实上的中心。微友、网友的数量是巨大的，兴趣也不可能是单一的，而任何人，都不可能成为所有的网民、微友感兴趣的问题的中心。于是，多中心、分中心，就是必然的了。

其实，传统媒体生态下，也是遵循这样的规律，才使所有媒体都找到了自己的空间，并一度取得了快速的发展。但随着自媒体、微媒体的发展，大多数传统媒体，由于其形态、运作方式的局限性，被迅速边缘化了。一些有了专业知识，以及能力、阅历的积淀，掌握了新媒体发展技巧的人，就可以不必背负传统媒体的各种包袱，轻装上阵，抓住机遇，成为网络舆论空间里的，一个个突出的信息节点。

化无形为有形

应该说，我能将“总裁语录”微博一手做大主要是得益于媒体形式在这个信息时代发生的相应转变，微媒体给民众的言论表达开辟了广阔的空间，同时开启了媒时代的新思维。微媒体快速形成的舆论效应或者说万众皆“媒”的汹涌之势，无疑放大了它的颠覆力量。

在 Web 1.0① 时代，以新浪、搜狐、网易三大门户为代表的网络媒体，往往也基于传统报纸、杂志的内容，提供给用户阅读，传播方向是单向性的，传播途径还是由中心而辐射四周，其大体遵循“二八”原则，也就是 20% 的人提供内容给 80% 的人看。到了 Web 2.0 时代，网络是从信息的提供者转为平台，用户则成为内容的创建者和信息的提供者，同时也是内容信息的浏览者，并有着交互作用，因而是双向和多向性的，起初它以博客、维基百科等为代表，使一部分消费者掌握了内容生产工具，于是传播途径开始变为半中心化和多中心化，传播方向也演变为双向，微博出现以后，在一定程度上实现了去中心化，变成了一个广场，每个人都可以成为一个媒体，形成了众媒时代。

① Web 1.0：即第一代互联网。

众 媒

其实我们也可以说，众媒是微媒体的一个结集的说法。由此，一些事情、观念或某方面的信息，借助微媒体特点，通过“无形”的新媒体渠道进入“有形”的视域，甚而成为众媒的、社群的话题或一种社会思潮也未可知。

微媒体主要还是在以新媒体为载体提供海量言简意赅的内容。新媒体所提供的功能包罗广泛，譬如以新闻客户端、电子杂志为代表的信息发布，以淘宝、大众点评、滴滴为代表的电子商务，以游戏、视频站点为代表的休闲娱乐，以及以微信、微博、知乎为代表的社交服务等，从无形的线上传播到有形的线下实体，它的社会化功能正被无限放大与延伸。其具体到微媒体更多的以微信、微博的个人化为主流，分分秒秒无时不在创建分享，繁衍为浩瀚无形的信息汪洋。

无形资产

以数以千百万计的微媒体为内容提供方的新媒体在量化之后掀起了它的产业发展模式，它不仅成为传播系统的重要组成部分，在促使传播领域发生颠覆性变化的同时，也俨然成为助推社会经济发展的一个新引擎。微媒体也因而成为一种无形资产，开启了其在网络经济背景下的商业化的进程。

微媒体其实是以虚拟性呈现的，不具有实物形态，在新媒体平台，信息泥沙俱下的群体极化现象以至“全方位”“全时化”的传播，同时其真实性也难以考量，因而说它是双刃剑。在这个虚拟世界，借助微信、微博，意见群体的力量被放大，任何受众同时也随时可以充当信息发布者、分享者的角色，通过信息互动，形成网络聚合效应。这给商业化传播带来了便利，并逐步延伸到现实世界。

于是，很多企业、公司在探索新媒体与线下活动的融合，让线上的微媒体虚拟世界与线下的实体落地活动进行充分地互动，给品牌宣传带来奇效，打造一种全新的形式与客户体验。从而，也让无形化为有形。于是，新媒体包括微媒体作为无形资产的投资和交易就理所当然了。

依靠信息技术和新载体，新的投资模式如火如荼，从阿里、京东到滴滴、摩拜，虚拟电商的投资和盈利早已毋庸置疑，其实，作为传播媒介的新成员，新媒体早在其诞生之初就以独立经济实体的形式开始了运营，和任何别的类型企业一样，它也是社会经济组织的细胞。

以微博为例，作为新媒体的一个平台形式，微博通过流量分成、第三方应用、广告、微币等渠道创造利润。注册微博的个人账号形成了一个个微媒体，当它们置身其中，积累了庞大的粉丝群体、发布量、浏览量、转发量、评论量，其宣传效应自然是符合了企业、商家和一些机构的需求，虽然其不具有真正意义上的实体形态，却具有了无形的价值。

价值评估

作为无形资产的微媒体，要化无形为有形，其价值评估也亟待解决，不管是信息发布、投资、租赁、收购、抵押、重组，价值评估都需要推进到实质阶段。

微媒体的价值评估包含诸多方面。我们从名称开始。比如名称的认知度，我们还是以微博为例，作为一个固定的标签、符号，一个能让人过目不忘的微博名称或一个能够引起共鸣的名字，自然加分。我们再来看加V的意义，加V也就是通过实名认证或者是说代表官方认证，它的信任度也就相对增强。不过，加V的微博并非都有价值。

我们再来看微博的标签，也就是兴趣认证的领域——描述职业、兴趣爱好的关键词。兴趣认证是微博垂直认证，也是专业领域的认证。而知名博主是兴趣认证的高级版。未填写任何用户标签的微博，其价值也会打折扣。另外顺便要提及一点就是每条微博的标签，加上标签以后，相当于给这条微博加上了关键词，他人搜索关键词的时候就可以把这条微博搜索出来，也相当于多了一个宣传渠道。

申请兴趣认证时需满足五个条件，而对于最后一项“指定的领域”，由系统大数据根据用户的微博内容和关系进行判定。支持认证的领域已包括互联网、科学科普、历史、军事等近30个细分领域。对于还没有被点亮指定领域的微博用户，只要持续发布和某领域相关的博文，多关注和互粉相应领域内的其他大V和博主，一段时间后，大数据就会自动打上标签。简言之，即保持微博博文内容的垂直度和互动性。

兴趣认证有几个前提标准：一是要有清晰头像，二是要绑定好手机，三是在近30天发布内容≥30篇文章（与领域相关），四是微博内容所属领域在可认证范围，五是近30天阅读量不低于1万。

你既然决定兴趣认证，相信前面四个拥有一定的知识储备量都是没问题的，但作为小博主比较难做到的是，近30天阅读量不低于1万，而知名领域博主认证则需近30天大于100万阅读量，其实就是先有流量才有认证，认证后有更多的流量和推荐优先权，就是强者更强一步步来。

我们开始选定微博上所允许认证的领域，把发文的数量和质量做上去，也就是需要你有些起码的积累才行。随之是微博推广，要去蹭热门，其他网站引流比如知乎或者其他相关领域的知识论坛（回答问题或发布文章，留下你的微博），还有互粉，这些都是需要精力和时间去做的，只要去做了总是有点效果的。

倘若想节省时间也可以找网上这方面微博预定浏览的服务，还是比较简单的。当你认证成功，有一定影响力之后就可以接些这些领域的商家推广活动。这整个流程里面认证不是关键，如果你的内容质量不过关，也是吸引不了忠诚粉的。

另外，统计微媒体的粉丝、关注度、发布量、转发量、浏览量、评论量自然是不可或缺。

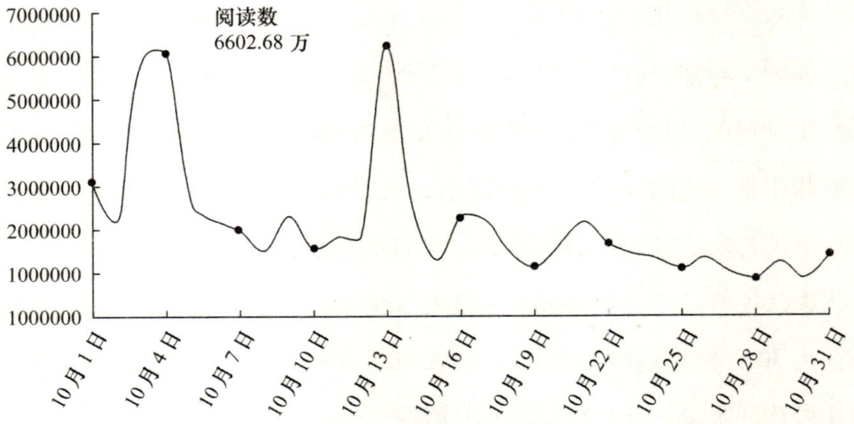

图1　随机截取的“总裁语录”微博阅读数据

像蒲公英一样传播

蒲公英式传播，其实就是一种裂变式的传播，微博的传播方式就多半如此。微博的信息内容的传播从一个账号发布开始传播之后，其他的博主们纷纷转发，那么信息便以其他微博博主为中心再次进行扩散。

蒲公英式传播

训诂著述《埤雅》以荼为苦菜。《毛诗》曰，谁谓荼苦是也。鲍氏曰，感火之气而苦味成。《尔雅》曰：“不荣而实者谓之秀，荣而不实者谓之英”，此苦菜宜言英也。这说的也就是落到了蒲公英上。“花罢成絮，因风飞扬，落湿地即生”，这就是说蒲公英每每抽出花茎，在万草丛中绽开朵朵小花，花开过后，种子上的白色冠毛结为一个个绒球——这个蒲公英的花絮随风摇曳，而其种子成熟后，藏在绒絮里，像一把把小小的降落伞，随风飞到哪就在哪里生根，安家落户，孕育新的花朵。很多人小时候都有过吹蒲公英的经验。人们通常用蒲公英比喻传播和孕育。

在微博早已成为大家获取信息的重要渠道时，它的传播便形象地让人联想到蒲公英种子借风传播的自然形态，蒲公英的发射状的形态结构，传播的生态特征，与自媒体的分裂传播形式与情趣不谋而合。

一条有着较高质量的微博信息浏览之后就会被转载分享，这种人尽分享的方式，如同顶着“冠毛”的蒲公英种子，人们看到它，总是喜欢摘下来吹一口气，这有助它传播，借着风，种子便飘起来，直到飘落到新的环境中。

信息技术发展带来了其传播方式的革命，作为网络传播的形式，大体上说，具有主体的双重性、传播的多样性，而其传播也往往是超越人际关系的、非均衡的，除了蒲公英式传播，还有网状结构传播、纺锤式传播、推拉结合式传播、中心式传播、病毒式传播、极速裂变式传播等。

以微信、微博为代表的自媒体的影响越来越普遍，任何一位网友都可以轻松、自由地创建自己的微博，分享自己的所见所闻所感所知，每个人都有可能成为信息源，这种蒲公英式的放射状传播模式加速了信息的传播速度。

在社交网络飞速发展起来的今天，蒲公英式传播利用自媒体的转发形式，在传播范围、影响力等各个方面往往有超出传统媒体之势，它成功地利用整体优势扩大信息内容的覆盖面，依托社交圈传播的便捷，信息内容可以不止一次地到达用户，形成持续地影响，加深用户印象。

蒲公英效应

多年前，有一位创业者在美国硅谷开始他的打拼，经历了一系列的变故，他发现许多种子投资的失败和创业公司的失败并没有彻底灭亡和消失，由于参与其中的人们从一家分化开来，散落在其他的公司，就像无数的蒲公英四处飘荡再重新落到合适的环境中，再度生根发芽，他把这称之为蒲公英效应。

蒲公英效应就是以一个行为作出发点，从而达到多重结果。

信息传播

信息传播具有“传播者—媒介—接受者”三维结构。现代进化论比以往更为倾向于认为，生物的进化在大体上是由一系列不断被打断的平衡状态组成的。而互联网就在这样的结构与解构的状态下诞生，它利用了人类的群体性和交流性，完成了点对点的连接，同时也进化了人类群体没有的去中心化的海星模式。传统社会的信息资源垄断已经被打破，互联网永不间断的信息存储，海量信息计算，形成了所谓的大数据和云计算。

人与人直截了当的交流产生了即时通信，也出现了社交网络，由于社交网络的出现，让信息的获取也从最基本的食欲进化成了好友之间的口碑分享，因此大家也逐渐对搜索引擎的依赖度下降了。时人述说，也正因为人与人的直接沟通，让互联网更具有群体性，也让互联网出现了利用“六度分割”（Six Degrees of Separation）和“乌合之众”进行商业营销，更容易制造商业的“引爆点”。

我们早已经习惯了在地铁、公交、高铁各种交通工具上看手机的自媒体信息，网络通讯技术的发展给予我们无限扩大扩展社交圈的手段与途径，如今人们社交关系数目远远超越了传统。人们通过网络式的社交圈得到了心理上的满足感，这其中包含着某种程度上主体意识的增强，包含着话语权的满足，强烈的被需要与被尊重的满足，尤其那些在现实生活中不能实现的主导作用，在网络社交中往往可以被满足。

通过微媒体或者说自媒体上的信息传播，借助用户自身关系链从而辐射到更广泛的受众。社交化媒体大约出现在 2004 年，以 Facebook 的创始人马克由哈佛退学开发了社交网络，并渐渐延伸出推特（Twitter）为象征。在此之前，过往的资讯信息传播基本都是单向性的，而一步即止的。新媒体出现，尤其是微博的出现，它一下子改变了传媒的途径和速度，有人形容说比地震波还要快，起初他们在微博上见到别人一秒钟前发布说地震了，随之几秒钟后这一地震的震感便传到其他一些地方。那种社会化媒体所形成的关系链打通了人际传播的快捷渠道，其操作简单到仅仅需要一个转播按钮便能够将信息分享到你的朋友圈，让周遭的朋友们马上看到。这彻底改变了以前传统媒体以 PGC（Professional Generated Content，专业生产内容）模式为主，而代之以新兴的互联网社交媒体的以 UGC（User Generated Content，即用户生产内容）为核心的模式，可以说，微博正在社会交往和信息传播以及民意表达等方方面面起到重要的作用，其典型的作用就在于可以让每个人发声，也可以让人们发出共同的声音，表达共同的情绪。大数据时代一锤定音。人们都开始不知不觉地在贡献数据，其时的数据量是空前的，80% 是非结构化数据。

在这中间，蒲公英效应正悄然地被微博的弱关系链发挥得淋漓尽致，妙入巅毫。由于这样的微媒体的关系链是相对开放的，信息凭借于这种关系链进行互动传播，每个人也可以较为轻易地搜寻到其所感兴趣的信息。与此同时，微媒体的意义则更多地体现为平等的话语权和话语权的个人回归，这让人们乐于自我表达的特性得以充分发挥，也从而改变着信息的内容，譬如一条信息 x，在经过转播的过程中，很大可能地加之其他用户从各自不同的视角的评论，演变成“x + y”信息或者“x + z”信息，乃至于衍生出意想不到的 w 信息。也就是在信息如同被吹开的蒲公英，向四面八方不开始迅速扩散的时候，它被用户复制传播改造，自然地去适应人们的需求，找到其合适的落脚地。

碎片化信息

从过去到现在，我们长期地意识是好东西就没必要吆喝；吆喝的就不是好东西。酒香就真的不怕巷子深吗？其实不然，随着社会的进步，对于一个刚刚起步的品牌在建立初期，势必需要一些看似过激的手段来提升自己的“名声”，这就好比酒的香气，不借助一些风力，怎么能够从一个不好的地段——深巷，给推广出去呢？当吸引来更多的顾客为自己造势的时候，就可以搬离这个深巷了。

新的传播媒介随着技术迅猛发展，甚至成为大多数人茶余饭后的谈资并乐此不疲，早在 11 年前，美国的《时代周刊》（*Time*）就把“2006 年度风云人物”奖项富于创见和想象力地颁给了“你”——在那期的杂志封面上，显示的是一个白色的键盘和一个电脑显示器的镜面，从镜子里读者可以看到自己的镜像，中间一个黑色的单词“YOU”。《时代周刊》的解释是：“风云人物”是我们每一个人，因为随着博客、网络社区、视频网站的兴起，在 2006 年因特网发生了重大的转变，网络不再是公共机构或组织，网民正在成长为所谓的“新数字民主主义公民”，也就是所谓网民。

以 Twitter[1] 为先驱的微博现身以后，它迅速甩开对手，成为粉丝互动和信息立体化的工具，形成了庞大的优势，它已不单单是信息资讯的原发地，更视为社交轻入口，在信息大爆炸的时代，它赶上了极简主义，去繁存简，同时也借以由简入繁。曾有人说，微博是“批着 Twitter 的皮，揣着 Facebook 的心，做着腾讯 QQ 的梦”，归根结底，大多数的人想从微博上得到什么呢？它引人之处莫过于简易及时快捷的各种信息资讯，但却不仅如此，它可以帮助你攒人气人品，譬如积累一些声望之类，通过开放的网络社交化关系，微博构建了庞大的网络社交生态矩阵，并形成了大众与现场之间的连接。社交媒体生态曾被视为微博最大的本钱，它推进全媒体化、平台化的战略，持续赋能自媒体——坚持基于内容的社交赋能、坚持基于粉丝的变现赋能，其背后的逻辑不难理解，迄今为止，微博用户构建的多媒体化内容生态俨然成为微博商业生态的基础。

自媒体泛滥的今天，信息的产量已到了骇人听闻的地步，微博的碎片化传播填补了人们的碎片化时间，各种资讯有如空气缭绕在我们周遭，碎片化的感染蔓延到各个角度，不管你身在何处，不管你意欲何为，你都难以规避。信息的发布和传播在今天变得很容易，似乎唾手可得，而大量碎片化的信息追逐着人们有限的接受力，碎片化的传播方式将人们的注意力无限地瓜分与稀释，要在浩如烟海的信息中脱颖而出谈何容易，这便又使得营销传播遭遇困境。而怎么才能控制信息内容的流向、对其赋予更为有效地包装及梳理，从而让它更有效地渗透到人们或者说消费者的心中，则是大多数公司开展微媒体和网络营销传播所亟待解决的

① Twitter：推特，是一家美国社交网络及微博客服务的网站。

问题。

我们日复一日地面对浩瀚的信息，快餐式的、条目式的、大量的碎片化信息，即便是相对完整信息也被种种分类以及传播过程中的取舍分解为信息片段，当传统的报纸、广播、电视“三足鼎立”的态势被网络传播和自媒体彻底打破，形成“万舸争流”的局面，多元化的媒体形式让每个受众都从一个被动的客体成为信息驾驭的主体，既可以是受众又可以是传播者，传受关系发生了根本性的变革，因此带来的广泛性信息传受可想而知，这是信息爆炸的成因与显著体现。

微媒体上的信息呈现文本碎片化的特点，虽然在 Web 2.0 时代，信息早已唾手可得，这个星球上任何一个角落所发生的大事，只需要瞬间发布，下一秒就可以传遍世界。但没有足够的吸引力也就被瞬间淹没在大量的信息海洋里。而微博以简短为特征，140 个字的限制也决定了其信息不可能深入而全面的呈现事实。微博让每个人可以随时随地记录，让人们也同时感受到言论万花筒般的丰富多彩，乱花渐欲迷人眼，一些有价值的信息与众多生活琐碎偶感杂糅在一起。

从形式、内容到其价值、意义和有效性上都纷繁碎片化地浮现出来，以往主流媒体不能满足的公众知情权，转投以微博，形成自媒体的便利性传播，也带来信息泛滥、同质化、无用信息、虚假信息与负面传播的问题，而信息大量不断更新，每条也不足以保持持久互动。

这无形中对个体的传播带来不利，即便是好的内容也易于积累用户，而丢失用户群也是很轻易的。很多微媒体做不起来的原因往往是没有持续地吸引住他们潜在的粉丝，却丢失了自己本身的受众群。怎么样才能让微博用户之间的互动深入而持久，何以使人际交往与微媒体上的共同信息传播形成良性互动，也是摆在微媒体发展道路上的重要问题。

现在很多人似乎都习惯性地染上了“手机依赖症”，严重的时时刻刻都会看手机，无论在等地铁、坐公交还是走路、吃饭、开会，在生活的每一个间隙，他们总是通过手机登陆微信、微博等，看他们感兴趣的东西，搜索他们想获取的信息。于是有人形象地称之为“低头族”或者叫做“微沉迷”，这也是碎片化延伸出来的一个后果。

微营销

微媒体、自媒体尤其是微博、微信的出现，不仅是个体之间的垂直联系，也能够使得传统的企业与客户之间的距离更为贴近，甚至可以绕过第三方，直接产生联系。由于微媒体有助于拥有社交资产的用户变现，企业便从中看到了营销的空间，而不断延伸出来的社会化工具也极大扩展了它的利用空间。似乎一夜之间，万家企业齐头并进，各个广告主、企业主都对微媒体的营销兴趣盎然，借助其传播速度快、覆盖范围广、互动性强的优势，加快布局微媒体以及微社群的建设。微媒体营销风生水起，以至于一度成为人们茶余饭后炙手可热的话题。

随之，商业化明显的个人或机构微博浮出水面，基于市场机制的“社交资产”价值开始了它的变现之路。在架构在微媒体关注者关系之上的粉丝经济逐步成熟起来之时，社交资产价值链的形成意义非同小可，同时，粉丝经济的培育和发酵是所赖于微博等社交媒体平台的，那么，微博全量开放支付的意义也就不言而喻，顺理成章，那些大 V 以及拥有一众粉丝的明星人物和其他拥有“社交资产”（关于这一词内涵比较丰富，有人打比方说它可以是一个人格的背书）的用户也可以通过微博支付可轻松解决价值变现“最后一公里”的问题。

微媒体的营销，我们可以简称为“微营销”，既然视为一种营销，这也就在于其所发布的信息或者说广告的曝光、转发量和构成线下买卖的问题，这个曝光率也可理解为所发布内容受到其他人关注的概率。应该说，从微博的传播方式看，它的概率是不确定的，每个微博关注度不同，曝光率也就千差万别，人气微博和高质微博可能从信息内容发出后，便瞬间被转发，并有可能多次转发，因其开放式的，其传播到曝光率也就大规模地增强，以至于大爆发到全网曝光。不过这毕竟是就少数而言，这关系到内容是否热点，具有多少热度，还密切关系到所发布微博的活跃度、粉丝量（数量和质量都不可低估）等，并且还可能有着时间上的因素。

基于开放迅速的传播特性，微博俨然成为传播速度最为快捷的媒体。凡是有利于广泛传播的内容，多半能够在微博上飞速发酵传播，进而传递到每个角落。从这一视角来比较，微信的闭环式社交传播还是不能与之相比拟的。进而，很多企业机构的营销人马上捕捉到这一点，企业开立官方微博也就毫不鲜见，蒲公英式传播也早已作为企业和相关机构官方微博的营销手段，遍地开花。由于微博毕竟是有着互动的媒体性质的，在传播的意义上，其互动性也就更为至要，比起直接转化盈利的目的，其实企业微博的意义还是重在特定的传播与推广，建立与用户之间的互动关系，拉近品牌与消费者之间的距离。

由于传播转发的功能性，很多企业除了设立一个官方主账号之外，还会开多个账号，或用于不同内容或不同业务线和子品牌，或作为转发和分发之用，一条信息内容由一个官方账号发布以后，开始了它的传播之旅，其他的账号也就相应转发，从一个中心到另一个中心，再次施行扩散。

在这个微营销的过程中，需要留意的是，尽管各个账号分立运营，也应有一定的准确定位，既要保持一定的统一和一致性，也要有各自的独特性，这样才能防止因为内容的雷同而导致关注者的反感；同时，发布的内容应该依据目标受众来选择用哪一个账号转发更为合适，从而覆盖相应的目标群体，而并非盲目地转发；对于内容的转发也应该保持一定的普遍性，如果过于垂直则直接影响到传播的广度；如果过于频繁地转发，也会引起关注者的反感，因而得不偿失，把握一定的度也在于内容的不断更新和穿插其间的有趣和有价值的信息，并关注留言私信等（私信也尤为重要），给予及时的反馈，链接彼此，形成良性传播。

巧用私信功能，提高互动率私信互动的关键是：

（1）言简意赅；

（2）真诚恳切；

（3）勿要打扰；

（4）切莫广告。

微媒体的牧羊人

这个时代是多元的，从不同的角度便得到不同的答案，因而有了很多别称，比如“大数据时代”“网络时代”“微媒体时代”“信息化时代”“知识经济时代”“全球化时代”“自媒体时代”“全媒体时代”等，甚至有个简略的说法就是“微时代”。

大数据与微时代

大数据的推进催生了“微时代”的新环境变局，其应用也改变了数据传播格局，在这个多元汇聚的格局里，如同放养着无数的羊与羊群，谁来做这个牧羊人却不是某一方说了算的。其实，这样的一个大环境也迫使我们形成一个全面的、开放的同时也有点模糊的大数据思维和微传播策略，其时这个以微博为代表的微媒体的浮出水面，早已使得信息传播效率提高起来并远远扩散了其辐射范围，面对以用户为主导、分众传播为突出表征的新媒体文化系统，面对其所带来的信息的丰富性、广泛性、碎片化，传播的互动性、裂变性和精准性，加之瞬聚瞬散的某些特点，怎么才能发挥和保持其主流性、有效性和主导性，是一个难以定论的话题。无论是产品还是思想的传播，作为培育人的某种消费观，尤其是价值观念和社会行为的工具要素，微传播场域俨然是一个不可或缺的重要传播媒介场所。

如果说微媒体平台承担着一定的牧羊般的责任，那么这个责任其实是在大量注册用户提供和主导的互动社交场域中实现的，无论其结果是信息、广告、知识、品牌形象宣传等内容的外化，还是大量无聊信息的内化，都应该有着信息的开放性和舆论的监督性的，这就在很大的程度上保障了人们对各种事情真相的知情权，与此同时，也更广泛地提升了人们对这个世界的认知，拓展了人们的视域。

DT时代与大众导向

然而，从企业机构和个人都更为在意的传播和营销的角度看，目前存在的问题也不容忽视，譬如企业机构的官方微媒体如在移动应用上作为微媒体的形式之一，就在融入大众生活的同时面对着来自自身和各方的考验和竞争，又譬如有些微媒体的操作尤其是某些官方微媒还是处于信息发布的单向性阶段，持续性关注的粉丝很少、互动也少得可怜，没有更广泛地融合贯通，没有藉由活动、话题和有关事件的方式触及粉丝和大量用户的敏感神经，这无形地造成用户关系链上的失衡，因而也就缺乏持久的关注，缺乏有效的互动，比如有效的转发、点评、私信等，也就背离了服务大众的主旨趋势。随着互联网、移动互联网、云计算、物联网、大数据的共同驱动，有人说，我们人类俨然从IT时代过渡到了DT时代，也就是从个人化的信息管理过渡到以服务大众、激发生产力为主的新技术时代，数据也日益成为决策的依据以及创新的源泉，而微媒体首当其冲地发挥着知识分享、新闻传播的渠道作用，以简短、高速、丰富的传递方式切入当下，切入当代人快节奏的生活状态。

微媒体的发展为大众的传播带来了便利，在这种环境下开展大众性的推广，适应时代变局，经过重构大众化的推广机制，顺应大众习惯的转变，同时也尽可能地利用微媒体意见领袖的影响力等途径，由诸多分立的发布点，形成网络传播结构，这并不是三言两语可以说明的。我们对微媒体传播而遂为大众焦点的推导，通过对信息流的处理，形成高维向量空间，这在热点信息的成因上有着偶然性，也有其必然性的趋势。而微媒体在满足了大众自有发表和评论信息需求的同时，其增值性、差异性、传播性、选择性特征也决定了对大众生活的特殊影响。

因此，微媒体是需要根据出色的大众体验，立足大众需求，不断创造新的传播和互动交流，充分发挥其随身化、迅捷化、个人化和实时化的效用。

从垂直思维到平台化思维

信息传播进入 Web 2.0 时代，形成了“零门槛”的传播方式，每一个用户或者说网民都可以借着微媒体之开放的模式而成为发布者或传播者。最典型的莫过于新浪微博，它在一定程度上俨然构成了最适宜于草根媒体（自媒体）生长的平台。于是很多人应用这样的自媒体的方式来专门致力于某一类特定的领域或倾向于某种特定的需求，这就形成了垂直自媒体。相对于一些广泛性的发布内容，垂直领域是从中分离出来的具象细分的运营形态，尤其是某些特定的专业性的东西，发布的信息内容有着相对较高的阅读门槛，不适合所有的用户来阅读，或者很多内容不是内行是看不懂的，因而受众面也就相对的窄，或者其发布的内容是有很明确的对象的。这一点类似于垂直网站，不过，垂直自媒体则更为方便、快捷、灵活，互动性更强。

垂直媒体

当然，作为自权威门户分离出来的面向某个领域的专业媒体，垂直媒体早已经开始深挖其专业领域的需求，提供有关那一领域的信息与服务。而就自媒体的垂直领域开掘，在分享经验发布专向性的信息之外，是更重视在互动、与粉丝交流等方面的运营策略。

现在，内容战略已经如火如荼地进行着，每一家媒体、平台都在争抢阵地，已经到了日益白热化的竞争阶段，自媒体的生存模式也是要靠内容来支撑影响力的，避开“内容红海”，以专业的小众的“内容蓝海”为目标，做精做专，或许能相对较好地生存并发展起来。

较之于面向不特定的大多数来发布信息的自媒体而言，向特定的小众群体传递专向性的信息更易于在一个领域里站稳脚跟，从而脱颖而出。

在庞大的中国人口基数面前，微媒体借助互联网和移动互联网之便已经渗透到所有行业，其先进的模式甚至超越了新兴经济。在这样的情况下，就有了“平台化”思维。

平台思维

立足互联网的平台思维炙手可热，其实就是创建一个大家可以在上面进行交流或交易协同、创造价值的在线平台，也可以是第三方平台，形成全新的资源供应体。这种平台模式需要开放、共享、共赢的思维，它适用于大多数行业，作为一个颠覆传统的整合，它可以是一个行业的整合，可以是关联性的整合，也可以是跨界的整合；它可以是知识或信息共享的整合，也可以是产业、产业链、渠道的整合，可以是产品、供应链的整合，也可以说社会化资源的整合……这是从相对宏观的角度来看。从微媒体来看，以微媒体为互动平台的内容和模式的建构在社会化的使用中也日益广泛。

为更多用户搭建一个良好的交流平台或者以平台为纽带互换平台，分享资源和经验，汇聚其所在行业的精英、创业者、投资人、行业资深人士，组织线下沙龙等，也是平台化的一种实践。

说起平台，平台的开放性是不能绕过的。开放式平台的概念最早应该是 Facebook 在 2007 年的大会上提出的——开放 API①。我们国内，开放式游戏不计，淘宝算是真正意义上的开国内先河的大开放平台，而后新浪微博成了气候，百度、腾讯都相继推出开放平台……一时间，风起云涌，闭环式的平台也越来越多。

然而，当大家都涌向平台化的转型与竞争时，就凸显出各种弊端了，比如同质化问题，诚信和安全保障的问题，价格竞争的问题，争夺用户流量的问题等。而平台化思维，往往就意味着你自己不制造产品或者不生产内容，而是让大家参与加入到你的平台，产品或者内容由大家来提供。比如淘宝，自己不制造实际产品，而是让千万中小企业商家入驻；再如新浪微博平台本身不创造那么多内容，而是由注册用户来不断地提供大量信息等。这是需要具有相对运营能力的机构团体来做的，而以自媒体为主的微媒体要做类似整合或者说综合领域的东西，就有些好大喜功，并且难于登天了，即便是一个小团体，也不大可能将一个开源微博运营得像新浪的微博平台那么棒。

从你的实际情况出发，定位于你熟悉的或你置身的领域，从小处着眼，聚焦一点，比如你是小学老师，那么可以聚焦小学教育，吸引那个学龄段的学生和其他同级的老师，或者先聚焦你的班级、年级和学校，比如你是金融行业的从业者，那么就先把你的同事、同行吸纳进来，专

---

① API：操作系统留给应用程序的一个调用接口。

注于同业。尤其自媒体的微博面向细化的垂直化的与普适性焦点有所区隔的领域有更大的机会。而作为新浪微博的注册用户，我的“总裁语录”从一开始也是针对性很强的，非常具体明确到“总裁”这个职务称谓。

独立微博

说到垂直微博，有必要介绍几款国内的开源微博程序，它们是：Xweibo、Iweibo、Easytalk、Thinksns、PageCookery、记事狗……作为一个源码程序，它们既有多用户微博，也有比较适宜与个人独立博客整合的单用户微博，显然微博更符合我们国人的使用习惯。

虽然有人说独立微博已经走到末日，曾经的蟹爪、饭否、叽歪，成了尘封的记忆，风光不再，嘀咕、9911、同学、贫嘴、Follow 5、雷猴、咕噜、做啥等一大批独立微博也逐一沉寂。而它们为微博发展作出的贡献和牺牲也是毋庸置疑的，有人曾做过一个有趣的比喻：饭否是初恋，推特是情人，腾讯是“小三”，意思是，饭否可以说是做得最早的微博，就像早逝的初恋，之后，新浪成了替代品，而推特只能作为远方的老情人，腾讯微博就做了年轻的“小三”了。其实，在一定领域或范围内，独立微博还是有其不可比拟的好处，由于它的去中心化，带之而来的优点譬如：自由度、安全性、数据的统一性，它同时还可以转发到微博/Twitter 等，只是它要 Server① 来部署，而这对于程序员来说，这都不是事儿。这是一个热爱独立微博的朋友的共识，面对这些独立微博的先驱先

① Server：具备服务器端功能的电脑软件或内容的提供者。

烈们，正如他所言，就独立微博的情怀主义者视为夕阳下嬉戏的小孩子吧……

其实，说起来，独立的就如同一个记事本，不独立的叫“社交网络”，我们搬来一些网友的回答还是比较贴切的，“独立微博的用户对社交的需求通过分享到其他社交平台来实现，而在独立微博本身实现的是数据的自由和安全”。Twitter 是 P2P① 模式的，而此处包含了多方面，也保有那种内容通过 P2P 互相传播的。那种所指代的独立微博，并不要求 P2P，则更偏重于个人的记录，之后分享到微博、人人网、知乎、腾讯、Twitter 等。

运营模式

微媒体的运营，为很多企业商家客户广泛借力，尤其是微博的高用户量和开放性，促进产品和品牌的快速推广与曝光。新媒体策略在有些领域可以视为一种自行运营的双向互动交流的垂直工具，引入社会属性及行为特征的吸引度，从小区域着眼或者说专注于一个领域，根据一个领域的用户需求来运营，解决这个领域的用户痛点，也就是以用户欲求驱动来设计，微媒体运营的成功在于满足用户需求的成功。“满足用户需求”是微媒体和绝大多数互联网产品的立命之本，但这并不是说要一味地迎合用户。很多人没有对此参悟透彻，弄不清楚用户实际上要的是什么，只是对用户的要求机械性地理解和照做，这被人戏称为“跪舔式服

① P2P：对等网络，即对等计算机网络，是一种在对等者（Peer）之间分配任务和工作负载的分布式应用架构，是对等计算模型在应用层形成的一种组网或网络形式。

务”。

要知道，这样只能导致“劣币驱逐良币”。实际上，我们需要的是根据用户的要求来创新，突出优势，增加额外价值，再来激发用户需求。有时候，需要一些现实的案例，用户真实的评价，或者进行资质认证，借助名人效应等，目的就是让大家产生信任感，打消顾虑。

如果从用户或者粉丝数量、活跃度和传播的开放性上来看，微博的优势不可小觑，重要的在于它是民意的集散地和舆论的扩大器。运营的目的往往就在于信息传播，如果是从平台的角度看，有大量用户自行产生内容，仿佛简单，其实搭建并运营起来一个大众都愿意关注和注册的平台谈何容易？捕捉用户的信息、潜在的需要和表达的情绪，设计、开发、设置用户喜好的选项，把握用户的关注度，提升用户体验，针对每个节点的关注点分别展示与推送，一个页面显示多少合适，这还要看在不同用户网速的情况下会有什么不同结果。还有用户的需求比例，主观客观的因素，细分的需求，针对性的要求，操作的便捷，也要考虑需求的边界，不能让用户有过高的预期，也不能降低姿态，诸如此类……

不管怎样，像新浪微博这样的平台，就像一个大广场，三六九等，众声喧哗，微博的任何一个用户或者说一个节点都可能成为一条信息的核心渠道，互动，相互传播，持续分享。这样的大平台它呈现的信息内容不会都是你喜欢和关注的内容，不会都是针对你所希望的领域的内容，而细分的垂直领域微博则往往以兴趣为节点聚合用户。借助认证用户的专属功能，垂直化的建立，对用户高效、便利、快捷地找到所需信息内容起到了黏合作用，它的好处主要就是能让用户群相对集中，从而还更可能形成一个黏度较高的微博社区。垂直领域微博给那些具有相同兴趣和关注点的人们一个互动、结识的机缘，很快地找到自己的同类，并可以由线上到线下，促进他们的交流和认识，在地域分布上也可以迅速细分，将同一区域或同城的同一兴趣群体聚合起来，促使开展线下交流等，用一个营销模式的流行概念，就成了 O2O（Online To Offline）。

微媒体的运营模式，不能忽视依靠口碑传播，譬如借助于微博平台的口碑传播，有些商家已经在尝试这样的商业模式，这一模式类似于SNS的口碑传播，在目前的状态下，可以用于新品类推介，可以借评论抽奖形式，可以植入小视频，或发小段子，借助于网络人际圈迅速分享等。相对于微媒体而言，垂直领域的渗透，直接的和间接的传播，在以信息为纽带的社会网络形态下，提升粉丝的互动体验，其推广上有必要借助人人网、QQ、知乎和一些网络社区，还有线上线下活动——无论是电子商务，还是SNS，仅仅局限于线上浅层的分享和互动是不够的，还有必要在现实世界里建立线下的联系，才可以真正地形成垂直性的运营。

创新思维

网络时代，复制模仿起来很容易，到处都是模仿，稀缺的则是创新。创新不一定局限于高科技，也不一定就要研发，创新有时候是思维方式的问题。

微媒体运营，探寻微媒体的传播与发展的特征与规律，更需要不断地创新思维，如果思想一旦形成定式，而被囿于已有的藩篱，就不容易突破和改变，而且，固化了的思维，很容易形成认知偏见，对人或事包括运营模式形成刻板印象，从主观经验出发，跟不上瞬息万变的时代步伐，就落后了。

微媒体的传播有必要根据用户或粉丝的需求创新内容和方式、方法、元素、路径，甚至是有别于常规或旧有思路的见解为导向，激发和超越粉丝和社会的需求。

开放性思维

互联网本身就是一个开放性思维，开放和封闭是互联网思维与原来的电信思维的本质区别，而微媒体也是开放性很强的，如微博就是开放的，微博被定义为一个开放的信息传播平台，注册用户之间经由交换信息，平等地进行对话，互相产生作用，不管你什么身份、地位，都可以注册并发布信息，不管什么人发布的信息都能够通过搜索引擎被搜到，它所形成的传播网络主要就是通过关注与被关注而形成的，不管你是什么人，在微博上，一旦成为注册用户都有交往的主动权（社交媒体的属性），你都可以随时随意根据自己的兴趣偏好，依据对方发布内容的类别与质量，来决定选择是否关注你想关注的对象，发表自己的想法、言论。同时你被哪些人关注都是自由的，而关注与被关注者中，有哪些人是其共同的好友，都是公开可见的，结识同道博友是自由的，同时，可以对全部“关注”的用户群来分门别类，由此产生特定的信息流。信息传播的节点都可见的，信息传播的路径也是可监测的。在这样一个开放性的环境下，也便决定了微博中的舆情是显性的，从而渐渐培养了人们每天到上面获取和追踪新咨询信息内容的习惯。到了微博问答的上线，都是免费公开问答，它对提问者和回答者都零门槛开放，所有微博用户都能通过发布入口提问或回答。那么，在这样的开放平台，就更需要开放思维，跳出思维的格子，以多角度、全方位、立体化、综合性、创新性来看待和运营，避免和取代分割、孤立、封闭、保守、消极的方面，链接前沿的技术，开放源代码、开放标准、开放服务、开放资源、开放架构……链接现时生活、听取多元讨论，追踪热点，敢于破旧立新，不断地发现、发明、创造，砥砺前行。

发散性思维

微博的传播形式就是一种发散思维的产物，这不是说它打破了传统媒体在交流领域的核心垄断和主导地位体现出的发散形式，它借助网络多媒体互动的优势和符号系统的相互作用，利用文字、图片、截取视频、网页链接等辅助手段，丰富了传播分享模式，调动起用户的多重感官，打破经验模式，打破固有的认知方式和习惯，使思维得以更发散更灵活，也从而来促进生活的想象与重组。

发散思维往往要有体现出独特、新颖的特点。譬如有一位作家的小说，某个时候会相对滞销，于是发布了一则征婚启事：本人年轻英俊，家有百万资产，希望获得和其小说中主人公一样的爱情。随着这条具有独特创意的图书广告的发布，使得他的这部小说在很短的时间内被抢购一空。

说起来，发散思维往往就是创新的突破口，被视为创新思维的核心。它所反映的潜能被诸多学者视为创造力最直接的体现。它又被称之为求异思维、扩散思维、辐射思维。它不依常规，寻求变异：在思考的过程中，从某个中心点的问题或信息出发，向四面八方展开，也就是说沿着各自不同方向、不同角度，向四处扩散，富于联想，更重要的是，凸破原来的圈定，充分发散且发挥想象力，通过不同的路径、方向，以全新的视角去思索开拓，重新组合那些问题或信息，进而产生出许多的设想、方法或答案，这也被形象地比喻为辐射，就像光源向四面八方辐射光线一样，或者比喻为水壶四下洒水。它就是通过不同方向来思考解决问题的多种可能性，用发散的灵光来点亮你的微媒体，巧用变式，凸显出形式、方式和内容的流畅性、变通性、独创性、精进性，甚而创设疑境，引导粉丝融入发散思维的空间，一个话题多向探讨，向外不断延伸，形成其多向性的传播。

逆向思维

以前的思维方式是产品生产出来以后，再去做各种宣传推广，群众是不是真的喜欢，有多少人愿意买，生产多少合适，都是不确定的，那么现在，可以先在产品没有开始生产之前，在微博上做一下预售，通过这种互动性，随时了解粉丝用户的需要和要求，再根据他们的需求情况及时调整，比如要做一本图书，先微博预售一下，看有多少人预购，这样就心里有底，可以根据预购来定首印量，降低库存的风险。再如某商品，也是如此，先在微博上做预售，尤其注重意见领袖大V的转发，加上抽奖活动，测款，引导粉丝点赞、转发抽奖，收集粉丝喜欢的样式或款式等，如果是服装，可以微博预售时了解粉丝喜好的材质、工艺、效果（可以做出有选择性的效果图供大家选赞），根据订购情况生产制作，出品发货。这就是逆向思维，与正向思维正好相反，大多数人平时都爱顺着事物发展的角度来分析问题，是由正面思考正向“顺推”的常规思维方式，即正向思维或者是定式思维。逆向思维则“反其道而思之”，与习惯思路背道而驰——思考的时候从司空见惯或经验定论的对立面或者说相反的方向来倒着推导，冲破常规，这也是孕育着创新思维的萌芽，以至于有着出奇制胜的作用，带来意想不到的效果。

逆向思维简而言之就是“反过来思考”，它也是被广泛应用在各个领域的，比如投资领域，就有因逆向投资而闻名的约翰·邓普顿爵士，并有不少追随者；用逆向思维来判断牛市和熊市的转换也起到了十分重要的作用；又比如印象派的绘画其实就是反古典学院派的逆向思维，从而在世界艺术史上产生了划时代的影响。

前瞻思维

预见力是很重要的，未来往往是给那些有先见之明的人准备的。对所在领域和整个社会、行业都有着各种前瞻性的判断，破局突围，找到先人一步的新路径，从而产生更多价值。很多微媒体往往也受益于前瞻思维所带来的先发优势，比如对未来手机的设计、未来经济的分析，未来将上映大片的先期评介，未来某领域的状况等，都会吸引相应的粉丝持续关注。

前瞻思维，也就是对其未来的发展前景及趋势科学地预测或展望，这就需要有独到而长远的眼光，立足于不远的未来，摆脱守成的假设，跳出惯性思维，从新的历史时代和新的实践活动中认识总结，宏观与微观视角并举，敏锐地察觉到变化来临的早期信号。无论怎样，我们都应该增强“前瞻性”，强调前瞻意识。它是一种理性思维，学会科学地预测，关注相似性和模糊性，微媒体运营也需要从现实思维转变过来，适应瞬息万变的网络环境，重新审视受众层次，多角度、多视点地探寻、循证、分析、改进，找到依据网络和现实环境变化、用户和粉丝需求变化、新的黑科技的变化等而不断动态进化的前瞻视点与方法。

当然，思维的方式还有很多，譬如，形象思维、系统思维、换元思维、辩证思维、因果思维、反向思维、逻辑思维、换位思维、抽象思维、超前思维、联想思维、底线思维、直观思维、间接思维、破窗思维、零点思维、扩展思维、多角度思维、平面思维、质疑思维、减法思维、移植思维、类比思维、立体思维、理性思维、侧向思维、U 形思维、纵横思维、阴阳思维、整合思维、借力思维、共赢思维、导向思维、博弈思维、生态思维、收敛思维、整体思维、求己思维、动态思维、灵感思维、钓鱼思维、逆向思维、空间思维、非程序思维、立场思维等。

沉淀时间

媒体瞬变。微媒体信息已经可以用“铺天盖地”来形容了。而要做好做大一个微媒体，也是需要沉淀的。人需要时间沉淀，才会在反思中找到自己，让自己更为成熟稳健；情感需要沉淀，随着时间的推移而从浅入深，深情是需要沉淀时间来考验；人品是需要沉淀的，所谓日久见人心；好的产品品牌的塑造离不开时间的沉淀，无论是联想、华为、新东方、海尔，无论是宝马、奔驰、凯迪拉克、劳斯莱斯，经历相对漫长的时间印证下才会形成品牌文化，从而被广泛知晓产生品牌影响力。

时间是个伟大的魔术师，也是最好的沉淀物，它能让任何人和事物变换无穷。它可以将美好发扬光大，也可以将所有的不快抛掷云外，它淘汰那些旧有的东西，也使新的事物变成老旧。在这样的沉淀中，人们才似乎明白了一些道理，找到了一些本质的东西。一切都在变，只有在沉淀之后，才能够腾飞。就像蹲下是为了跳得更高一样。

微媒体传播运营是一个沉淀的过程，不断地精益求精，不断地互动分享，不断地探索开掘，不断地积累人气，最后留下和提炼出来的就是你坚持的方向。沉淀让你知道坚持和付出的份量，懂得欲速则不达的道理。微媒体可以瞬间猛增，也可以一步跌下悬崖。只有沉淀，才让你真正懂得珍惜，懂得坚持的意义。

有些事多说无益，唯需沉淀时间。

- 微博的微逻辑
- 自媒体与智媒体
- 网红进化论
- 微信的高黏性
- 微媒体的炮灰

4

Chapter 4 全景微媒体

编者按

这一章介绍了微媒体在传播市场中的“原子核裂变”式的洪荒“微”力，也简单回顾了网络媒体，主要是自媒体发展过程中的标志性的事件和人物。

现代社会高度市场化，在全球化的背景下，只要经济发展到一定水平，产能和产品的过剩，就是必然的。而过剩的产能，生产出的商品的过剩，也就促生了所谓“注意力经济”的发展——商品过剩，又高度同质化。不同的品牌的商品，在具体的参数指标和顾客感受方面，有着自己的差异。但这种差异，对绝大多数普通的消费群体，其实是“无感”的。因此，就需要消费者群体，能够在众多的同质化商品中，注意到自己的品牌的商品。于是，吸引消费者的注意力，进而确立并不断强化这个注意力的黏度，就成为所有面向大众消费市场的“痒点”和“痛点”。能提供高度的注意力，强烈的黏度的信息平台，包括人格化的名人、明星，以及传统媒体、新媒体等，就都成为注意力经济下的，可以实现商业变现的利益聚焦点。

微博由于捕捉炒作各种热点的即时性、灵活性、自由度等，迅速成为注意力经济的重要平台。近两年，微信由于其高黏度，也迅速发展，甚至有将微博边缘化的势头。无数原本只是工薪族的小人物，把握住微媒体的注意力经济的机会，实现了自己的创业梦想，更成为财务自由的成功人士。

当然，就如传统媒体的乱象始终不绝，不断花样翻新一样，微媒体也随时会引发一些混乱。这需要研究制定相关的法律规范，确立起行业自律，更需要由市场逐步淘汰掉一些“乱马”，使这一业态成熟起来。

回顾中国自媒体发展的标志性的事件和人物，就是一个逐步清理升级的过程。毋庸讳言，有些曾经的网红，是以剑走偏锋的审丑“价值”，迎合了一些日常的“重口味”娱乐心理，甚至在法律边缘走钢丝而“异军突起”的，也曾经实现了商业利益。但当“第一桶金”到手后，如果不能及时转向升级，完成由满足“重口味”娱乐心理，向提供正向心理转变，就会迅速被市场淘汰。

任何一种业态，逐步走向成熟规范，满足人民的需求才是其生命力和发展后劲的根本保证。微媒体只是以更直观的形态，呈现了这一基本规律。今天，我们可以从容地以超出简单的“是非美丑”的层次，更理性地看待和总结那些曾经的共同的焦点。总会有曾经的先行者停下前进的脚步，甚至倒退。但时代总是前行。愿所有人都能以自己的方式，跟住这个时代。

微博的微逻辑

作为网络时代的传播形式，微媒体不能局限而短视，它需要一个全景式的视角观照，这是一种可以为粉丝或用户提供超越目力所及的正常有效视角或双眼余光视角的获取，甚至是360度的超视角，让人们可以感受大范围的视野、高质量的全景内容乃至商业宣传与展示等领域的广泛应用潜力。在虚拟应用中，微媒所扮演着的重要角色和覆盖面日益精准，各类信息的发布和获取、快速传播、拼接，变得越来越容易。全景多维的审时度势，才可以在瞬息万变的环境中随时调度，应对自如。

微媒体改变了传统信息的传播逻辑，由单向变为多向。媒体和媒体人分化，任何一个人和机构团体都具有发布信息制造新闻的能力。我们可以从全球的视域来看，在世界政治多极化、经济全球化、文化多元化的背景下，美国的Whats App[①]、韩国的KaKao Talk[②]、日本的Line[③]以及中国的微博、微信、微电台、陌陌、米聊等微媒体，日益深入，微媒体

---

① Whats App：一款非常受欢迎的跨平台应用程序，用于智能手机之间的通讯。

② Kakao Talk：是一款来自韩国的由中国腾讯担任第二大股东的免费聊天软件，类似于QQ微信的聊天软件。

③ Line：一款日本即时通讯软件。

联系也日益紧密，正处于裂变式发展，在虚拟世界，网络自媒体普及化、实时联网，一键发布和一键商品购买，一切似乎都便捷而迅速，唾手可得，而微媒体更让大家的每一个举动都可以即时发布出去，尤其是一些公众人物的行为，譬如明星绯闻之类可以瞬间在微媒体上引爆，以至有了娱乐资本论。而这其中，大家会发现，很多信息的引爆还是在微博上最为迅速，几乎可以说秒爆。应该说，微信、陌陌等微媒体的崛起，使得微博感受到了巨大威胁，甚至有人曾认为微博将被微信完爆，然而，微博以其开放式的大公共传播平台的模式和数字化生活结构，再度走入大家的视野，走到了前台。

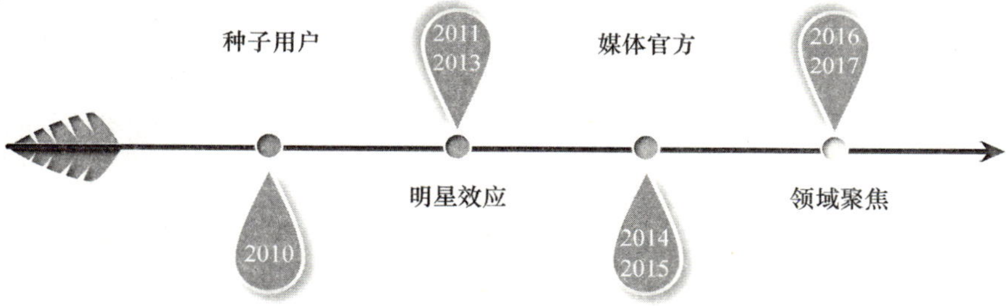

图 1　微博阶段发展

一条微博的价值

微媒体的崛起有着新生代网络技术变革和民意精神的内在逻辑。就微博来说，它的门槛很低，为社会所有人敞开了大门，人人都可以是信息资讯的生产者、发布者，不过要具有产生新闻的广泛效应与影响，还在于信息内容是否符合人们关注的热度、信息发布者的群体感召力等。一条微博，寥寥数语，其价值却不可估量。2016 年里约奥运会，傅园慧凭借"洪荒之力"大火特火，随之有人以100万元作为报酬请这位"洪荒少女"转发一条微博，遭到了傅园慧的谢绝。虽然这只是一个未能成行的小插曲，不过有人愿意为一条微博的转发付金百万，从中可见其背后巨大的潜在利益。不过是坏是好，更要谨慎鉴别，毕竟任何一个有影响力的人都伤不起。

让微博产生商业价值的还在于其巨大的用户量和流量，在一长串数字的背后，你不得不感叹，这是一个自媒体狂欢的时代。有网友做过这样的计算，一个拥有一百万粉丝的微博，发布一条微博平均可以带来1000个UV（unique visitor的简写），表示通过互联网访问、浏览这个页面的自然人，即独立访客数，也就是说访问某个站点或点击某个网页的不同IP地址的人数。在同一天内，UV只记录第一次进入网站的具有独立IP的访问者，在同一天内再次访问该网站则不计数。UV提供了一定时间内不同观众数量的统计指标）、3000个PV①。这得需一个维度的参照价值，比如真实的活跃粉丝的数量，从商业的角度看还有粉丝的属性也就是购买力等，另外还得考虑微博的垂直领域。

我们说微博的价值，浏览量是一个参考。有网友说过一个概率，一些人气微博，只要内容有趣，不是胡说乱道，每条微博的平均PV也在几万，在没有重置并不删除的情况下，当日到十万以上PV也是正常。

一条微博，可以让一位默默付出助学捐款的拾荒者瞬间受到万众赞

① PV：page view的简写，即页面浏览量，是网站分析的一个术语，用以衡量网站用户访问的网页的数量。对于广告主，PV值可预期它可以带来多少广告收入。PV与来访者的数量成正比。具体来说，PV值就是所有访问者在0～24点的24小时内看了某个网站多少个页面或某个网页多少次。PV是指页面刷新的次数，每一次页面刷新，就算做一次PV流量。

许；一条微博，可以让一个身染重病无钱医治的患者即时得到社会资助；一条微博，可以让一个道貌岸然的贪官锒铛入狱；一条微博，可以让一个大家喜爱的明星因丑闻曝光而为人不齿；一条微博，也能让一款卖不出去的好产品瞬间畅销……

许多的创业者、媒体人、网红、企业，对如何更好、有效地借助微媒体尤其是微博这一不断拓展边界的平台，创造更多的商业价值，进行着实践探索，这也是营销传播的必要运用手段、逻辑和发展趋势。

微博造句体例

140 字的字数限制是原来微博一个特质，简短、明快，在当下众声喧哗、信息需求量大、有效阅读时间碎片化、速读化的状况下，微博自然地成为了最适合大范围传播的社交与信息载体。

在大量的信息中，热门话题也层出不穷。随之，模仿式的各种“体”的造句便迎头而上，尤其是 2010 年以后，微博上的全民造句汹涌澎湃了一番。

代表性的也很多。冯小刚的电影《非诚勿扰 2》里引用了扎西拉姆·多多的一首名为《见与不见》的诗歌，在网上疯传后，被网友们仿写，称之为“见与不见体”。原句是：“你见，或者不见我，我就在那里，不悲不喜”；仿写的如售房的：“你买，或者不买房，房子就在那里，不来不去”“你买，或者不买，房价都在那里，不跌不降”；卖车的：“你开，或者不开车，路就堵在那里，不走不动；你买，或者不买车，油价就在那里，只增不减”……

姜文的《让子弹飞》公映以后，微博又掀起了"子弹体"仿写热。原来姜文的台词是："让子弹飞一会儿"；于是在关乎民生的众多问题上，网友们戏仿出来多种多样，比如"让油价飞一会儿""让房价飞一会儿""让股价飞一会儿""让工资飞一会儿"。如发了微博没人回，网友仿了句"不着急，让微博飞一会儿"……

2011 年初，宋丹丹在新浪微博上对潘石屹喊话："特想让潘石屹'关注'我，好有机会给他发个'私信'问他个问题：长安街南边那么好的位置，你盖了那么一大片难看极了的廉价楼（建外 SOHO），把北京的景色毁得够呛，你今天后悔吗？求你了，不带这样的！"潘石屹在微博上做出的回应是："谢谢大家，建筑是大众的艺术，欢迎各位朋友的批判和点评。与我们一起努力把北京建设的更美好！"宋丹丹又发微博："潘总，我就是个演员没多少钱，我请你喝拉菲，别再盖楼了，真的，求你了！"这段话成就了"丹丹体"，网友们觉得这事很喜剧，提议网民投票让这事上春晚。其句式被网友疯狂仿效造句："××，我就是个××，没多少钱，我请你××，别再××了，真的，求你了！"比如飞象网仿句："我同事不让我说，他们说别太得罪人，可我真忍不住。潘总，我就是一个做通信网站没有多少钱的老百姓，我请你看飞象网，别再盖楼了，真的，求你了！"比如关于春运涨价："春运，我就是个农民工，没多少钱，我请你吃煎饼果子，俩鸡蛋的，别涨价了，真的，求你了！"

这样的句式模仿体例还有"高铁体""撑腰体""咆哮体""深夜体""梨花体""李刚体""乌青体""淘宝体""凡客体""豆瓣体""蓝精灵体""蜜糖体""纺纱体""亚克西体""秋裤体""饭团体""日合体""德纲体""十动然拒体""玛雅体""切糕体""红楼体""君鹏体""热

死体”“鼓力体”“腾讯体（3Q体）”“甄缳体”“TVB体”“小明体”“脑残体”“菜刀体”“乡愁体”“那些年体”“银镯体”“hold住体”“白素贞体”“膝盖中箭体”“loli体”“元芳体”“织毛衣体”等。“××体”在微博的网络虚拟社交空间流行开来，并在社会现实交际中有了市场，通过平面化、拼贴化的造词仿写、转发、评论，它被迅速地扩大、可以说以迅雷不及掩耳之势地疯传，频繁衍生，它表现出传播的“平民化”“普泛化”“自主化”，有学者从理查德·道金斯的模因论语言学的角度分析，或者从元话语的构式语义出发，它作为一种社会现象的产生，纳入传播生成机制的范畴。这种句型式传播，也许很难经受得住时间的考验，寿命比较短，其出现与流行的主要还是以诙谐幽默、言简意赅、琅琅上口、新颖有趣、简洁易懂的表达方式，迎合了快节奏、压力大的网络时代人们的生活方式。

微博流行语“××体”的运用，是以比喻、排比、夸张、叠字、谐音、反语、借代、仿拟、互文等修辞辞格来达到其易于传播的效果。比如“蜜糖体”主要就是用叠字和谐音来表达的，把“是”说成“素”，“可是”变成“可素”，“这样子”说成“酱紫”，“非常”说成“灰常”，“的”和“地”都用“滴”代替，句子的最后总要加上“鸟”作为语气词……

作为信息化、新媒体时代的产物，以高效、迅速、开放、新颖、包容为特征的微媒体语言传播自然成为网络空间的新宠，成为青年人追捧的潮流，在“××体”造句潮的仿拟性背后，藏着的是网友们建构的传播语言规律和舆论环境，又以多元的语言结构和鲜明的情态表征助燃了社会热点和情绪发泄以及大众自娱自乐乃至颠覆的精神。

这是一个颠覆的时代，然而并不是什么颠覆都引人瞩目，也不是什么颠覆都具有传播价值，用一句网络上的话：“也许世界颠覆，你才会想我，也许我颠覆整个世界，才能摆正你的倒影。”

限流与日常逻辑

在微博运营的过程中，很多博主有过相同的疑惑，就是坐拥十余万甚至几十万粉丝，过去发一条信息的浏览量起码也在十来万阅读左右，而近年来，表面上粉丝总的数量还在上涨，但是浏览量却在不断地下滑，有时候掉得让人不敢相信自己的眼睛，单条信息的浏览量还没到粉丝数量的零头。再去看那些人气旺盛的微博，动辄上千的互动数据，不由得怀疑人生了。于是，有一个时候，爆出微博“限流”的说法。其实并非一众用户所认为的那样，这是个概率上的“伪命题”，因为谁都无法保证，有 100 万粉丝的大 V 发一条微博，那 100 万粉丝就都能看到。关于新算法，也有透露是说更改了内容出现的顺序，并不会限制你的微博推送的人数，不是只推送给一半的粉丝，不是对其“屏蔽或做曝光限制”，而是反过来，博主的新发布的信息内容在每一个关注粉丝那里有个权重（评分），在阅读刷新首页时候，就由其信息流中机选出排名前 25 的予以显示。有 V 用户还曾对贴标签的问题表示异议，假使发布与标签无关的信息，那么关注者就很可能看不到这个信息，也有人吐槽，信息流广告使得推荐内容蒙灰，曾有些用户指责垃圾信息覆盖博主信息，所谓的“粉丝头条”横在了博主与关注的粉丝之间，让信息互通趋于付费化。

标签的问题，我们不妨来看看另一个词：用户画像，也就是依据用户的社会属性、生活习惯和消费行为等信息而抽象出的一个标签化的用户模型。构建用户画像的核心工作即是给用户贴“标签”，而标签是通过对用户信息分析而来的高度精炼的特征标识。其实，在专业与标签之间有着一定的对应关系，对口专业的博文内容更易于被推送给粉丝。

从怎样在第一时间知晓渴望关注的好友在发了些什么，包括看到你喜欢的博主产出的资源的这个角度来观察混乱的时间线的机制和它导致的相关问题。这要从自动的优化信息流说起，可以把所被关注的博主新发布的微博信息视为一个“信息池”，“优化”之前是依循发布的时间排序，首页时间线是以最新而后推的，“优化”后，所谓信息池里的所有新的博文都有个权重排序，权重高的就靠前。对于这个权重高低的衡量关键在于三个因素。

第一是亲密度。有人发现所谓限流的大概逻辑在于粉丝的亲密程度，比方说相对于和我长期进行互动很密切的你，经常性地转发、评论、点赞，于是乎我的信息你往往是第一时间就可以看到的，而仅仅是浏览却不互动，估计是不是被限了，因而说粉丝们看完应该记得多多互动，否则很多时候首页也刷不到。有趣的粉丝赶紧来互动下，说“我要抱紧你的大腿”，也有的博主的粉丝质疑，“话说老跟一个不更博的你互动，我的首页最后会不会一片荒芜（doge）”。

第二是质量分。关于这一点，有人做出过相应的分析，每条博文的内容本身决定了基础的质量分，一般而言，字数越长质量分越高，不过要注意的是长微博往往没多少人愿意花时间看；互动形式也就是关注的粉丝们的转发、评论、点赞和点进正文页去看都能够提高这条博文的质量分；这样的方式是按照互动率而并非互动次数加分，因此上“僵尸粉”则很可能拉低互动率，也会使质量分降低。出现在信息流的概率往往与互动率相关，互动率越低，这个出现的概率越低；反过来，互动率越高，出现的概率也就越高，浏览量也就越高。要注意的是，相同的一条博文如果转发多了，浏览量超过某个阈值之后，会触发某种检测机制，这条博文的互动率会被监测，倘使互动量跟不上浏览量的增长，后续就可能被限了。另外，过于频繁地发布博文，同一来源大量分享，雇佣大号转发等也会导致被监测；发过于多的相似博文也会被限，先发的先展示，因此转发的要趁早，晚了别人先转了你就被限了；对于同一条新的博文，不同粉丝的质量分不同。就带有同样兴趣标签的关注者而言，该博文的质量分会高，更容易被刷出来。

第三是新鲜度。不论什么类型微博保持新鲜度，进行信息更新，这反映了信息的动态性特点。其实，新鲜度主要就是随着时间的推移带来的权重衰减。这是不可控的，不管怎么样，一条再火的微博也总会暗淡消失，在每天的流量高峰期发布，可能让你的信息相对靠前。大体上来说，下午 4 点之后，晚上 8 点之后活跃度比较高，而相对于不同的关注者，新鲜度的敏感程度也大相径庭，愈是频繁登陆和刷新首页的粉丝，新鲜度的敏感程度也就越大，更倾向于刷出正确的时间线。2015 年 11 月一次调整之后，会把错过的关注人的高质量微博也加入信息池，所以会经常刷出好几天之前的微博。当然，新鲜度，不仅仅是在于更新，也在于发布内容的原创性和新颖性，微博其实重要的一点就是有利于让我们可以随时随地分享身边的新鲜事儿，表达新的想法。

关于按时间线刷博的问题，其实很多人想得有点单一了，因为时间同样是一个评分的因素，类如网友打的比方说如信息发布的时间很早，而其评分很高，也就自然会显现在前头，即便是你此时此刻刚刚发布出的一条微博内容，而在关注你的人的信息流里的此条状态评分没有进入前25，不予显示，只有等关注者把前头的25条刷完了，这一条的状态才会被刷新出来。因而关注者经常会过几天才刷到你的状态。这也就使得时间线出现了紊乱。

而因为个性推荐的原因，假如你的关注者喜欢看体育方面的，而你忽然间跨专业发布了艺术方面的视频，那这个信息权重就会降得很低。也就是一些发布的内容浏览转发量差距悬殊的一个原因。网友用其一段时间的数据做出一个拟合。他的每条微博是1万浏览量，与其活跃粉丝的数量相符。他是做游戏类内容的博文，专业游戏的内容平均每一条转发有600的量，每一条评论有100的量，相关系数高达0.92。而发布的非游戏类信息内容，每条转发也就300多的浏览量，每条评论100多的量，相关系数仅有0.65，因为他的粉丝基本是做游戏的爱好者，粉丝的粉丝也都是这个方向的，不是游戏的博文就少有人看了，因此转发量对浏览量的提升也不大。

综上所述，倘若要做好微博，将它日渐做大，发挥出它的传播作用，那么就要注意上述问题，注意应该做什么，不应该做什么。比如说不要发那些有外部链接的信息，出于宣传的必要，非要发的话，可以在评论区发，发后再顶上热评；不要多次连续性地发布差不多的信息。关于这一点，网友做出过重点说明：以蓝V为例，蓝V类帐号有一些额外的限流政策，比如说蓝V粉丝们的信息流里能刷到的蓝V博文是有上限的。假设你的粉丝关注了100个账号，其中15个是蓝V，那么在他的信息流里能刷出来的蓝V动态不会高于15%。据知情人士透露这个做法是为了防止某些企业营销号一天发几十条微博抢占信息流，也是对某些发布频率相对较低的真实账号的一种保护，避免它们被淹没在巨大的信息海里；不要连续发布同一个热门话题的相关内容；不要发一些不是原创的段子；不要发明显的营销广告；不要含有“抽奖”“福利”“转发”等字眼；不要发带有政治敏感的词汇；不要跨专业领域发文，建议要是非有什么要发的与你微博不符合的其他领域的内容，可以找相关领域的博主代发。

再说一下应该怎么发布为好，并有助于培养粉丝从弱关系到强关系，形成高亲密度，显然，要尽可能地原创你的标签领域的高质量博文，是针对什么行业的就发这个行业的，你是美容的就发美容的，是家装的就发家装的，是游戏的就发游戏的，是技术的就发技术，是电影的就发电影的，发的信息内容最好带多图，而且让人有点开细看的想法；发布博文后面尽可能带#话题#；使用头条文章；尽可能地去与粉丝互动，并回复，多多益善；另外，多多去评论转发点赞你关注的博主博文，也可以提高博主博文在你信息流的分数，从而增加刷到喜欢的博主微博的概率。尽可能抓住传播节点用户；最好经常和一些粉丝多的博主互动，带来大量转发；尽可能地让发布的每一条博文被其他博主多次转发传播，被更多的粉丝看到。当然，有必要的话，也可以多开几个号相互转发，不过需要注意的是，这也会因为相同内容而受限。

背后的价值逻辑

在 2014 年的清明到谷雨之间，微博正式在纳斯达克敲钟，成为世界范围内首家上市的中文社交媒体。发行价为 17 美元，其时月活用户为 1.438 亿。到了 2017 年的同期，整 3 年，其股价为 50.16 美元，从微博

2016年财报看，其月活用户达3.13亿，日活用户为1.39亿。

显然，资本市场对微博的认可不可能是一时的心血来潮，这背后和内在的逻辑也是发人深思的。首先说微博在2014年之所以能上市，并非一时的运气，从2010年微博开始风靡起，微博成了时尚符号，刺激了其他门户网站，随之，搜狐、帝企鹅腾讯、网易等都开始发力，然而，几年时间，新浪微博捕获了大多数网民，从精英到草根，让越来越多的人流被吸入进来，以至于重新定义了新浪门户，当时它的所有对手都先后放弃了抗衡。我们有必要来回顾一下新浪微博在上市之前也就是2009~2014年的一些要事荟萃。

2009年8月底，新浪微博上线公测，昵称“围脖”。随之，李开复马上选择在新浪微博客发布自己辞职后的心态和动态，微博在李开复、李宇春等名人的带动下一时风起。当年10月底“@钭江明”开始转“@寻找窑工袁学宇”寻人微博，每天一次，多年持续。11月2日，微博用户破百万。

2010年被称为“微博元年”，犀利哥在2月微博红了；2月4日，韩寒注册微博发了一个字“喂”，于是迎来了万人点赞；3月，“@梁树新”发起铅笔换校舍，微博渐成网络公益主场；山西疫苗案、南平杀童事件、@王家岭矿难通过微博公之于众，掀起了大讨论；4月14日，玉树地震，微博发威，实时直播各种救援机构的救援动态，鼓舞人心；5月世博会开幕、6月世界杯揭幕，都成为新浪微博的热点话题；7月以@潘石屹、@任志强为代表的企业家借助微博平台开始“互相嗔骂”，随之“青年导师”唐骏及其校友禹晋永被爆涉嫌造假门，8月菲律宾人质事件、舟曲泥石流、9月宜黄血拆事件都在微博上引发了关注和讨论，10月“我爸是李刚”火了，坑爹原来就是这样的，12 月博友组团调查“钱云会事件”。

2011 年被人称为微博“红年”，以其 208.9% 的增幅，创下中国互联网用户规模增速之最。企业和企业家微博迅猛上升，政务微博有了井喷式增长，而民意大起，或关乎民生或主持正义或揭露内幕或扶弱济困，微博热点不断，微博慈善风行，微博动员升温，微博的自净功能也开始逐渐实现。依据微博年度报告，截至 2011 年 11 月底，微博账户已增长到 3.2 亿，微博每天发布和转发信息超过 1.5 亿条。1 月随手拍照解救乞讨儿童；2 月，春节还没过去，一条消息在微博爆开，铁道部发生人事大地震，铁道部部长刘志军因涉嫌严重违纪被免职，同月薛蛮子微博打拐；3 月，南京地铁建设砍迁梧桐一事引起了南京市民的集体忧思，利用微博号召，打响了“南京梧桐保卫战”；3 月 2 日微博用户突破 1 亿；4 月 7 日启用 weibo.com；4 月 21 日新浪 CEO 曹国伟入选美国《时代》周刊最具影响力人物 100 强；5 月高晓松酒驾致歉，芙蓉姐姐瘦身成功；6 月“@郭美美 baby”炫干爹，红十字会遭质疑；5 月 13 日加 V 认证系统上线，大 V 从此诞生；7 月 23 日甬温线发生动车组列车追尾事故，“至于你信不信，反正我信了！”成金句；7 月 27 日“围脖女王”姚晨粉丝破 1000 万；10 月 12 日@美帝使馆空气持续更新北京 PM2.5 数据，拍蓝天遂成风景，随之，小悦悦事件引发网友广泛热议，并发起了“拒绝冷漠，温暖你我”的活动。

2012 年可以说是微博的“平稳年”。2 月微公益平台提供一站式救助服务；4 月新浪微博推出广告平台，全面启动商业化；5 月《舌尖上的中国》引出微博晒美食风潮；5 月 28 日国内首个微博社区公约正式执行；7 月北京暴雨，@人民日报上线；8 月 3 日“上访妈妈”唐慧被劳教，博友声援后获释；8 月 7 日刘翔伦敦奥运摔倒，惊起一片哇声；8 月 26 日，“表哥”杨达才火了，官员出门不敢戴表了；9 月反日大游行，“钓鱼岛是中国的！”11 月原重庆北碚区委书记雷政富爆丑闻；11 月 24 日航母 style 风行；12 月微博用户超 5 亿，成中国第一话语平台；12 月 21 日是玛雅预言的“世界末日”，“我还活着”风行微博，让人们再度感悟“生命是世界上最宝贵的财富”。

2013 年 1 月围观房姐龚爱爱；2 月春晚秦海璐、王茜华和相声演员方清平和孙涛形成“混搭组合”，联袂主演的喜剧小品《你摊上事儿了》，于是“你摊上事儿了，你摊上大事儿了！”在微博疯行；24 日罗援少将开微博，遭一些人的围攻；26 日高考百日誓师；3 月黄浦江上飘来猪肉汤一事被微博大量转发热议；3 月 15 日影视明星何润东因“麻辣点评”和“大概 8 点 20 分发”意外抢镜，他以“#315 在行动#”为标签在微博上指责苹果手机，但内容的结尾出现一句“大概 8 点 20 分发”，此举立即被网友质疑是为央视 3·15 晚会当“托”，后因何润东否认自己所发并报警，引发系列口水战；4 月海天盛筵引发了生活方式等热议，持续发酵诞生了诸如“外围女”“绿茶婊”等贬义新词；4 月 20 日，雅安地震发生 53 秒，首条灾情微博发布，据媒体统计“仅在地震当天，地震发生 9 小时内，新浪微博上有关四川雅安 7 级地震的微博总数 6400 万条；雅安地震寻人微博总数 231 万条；雅安报平安微博总数 1008 万条”，事后也充分显示出微博在突发事件传播中的巨大威力，也从而认识到其正负效应——信息双面性、动员双面性及效果双面性等；4 月 29 日阿里巴巴 5.86 亿美元战略投资新浪微博；5 月海南万宁“校长带女生开房”事件起，20 天内至少有 8 起校园内猥亵性侵幼女案被曝光，最高人民法院要求重判对未成年犯罪，同时，网友叶海燕小学门口举牌“校长开房找我，放过小学生”，成微博热点；8 月 1 日新浪微博淘宝版正式推出；8 月 22 日@济南中院直播庭审薄熙来；8 月 23 日大 V@薛蛮子嫖娼被抓；9 月 5 日李开复宣布患淋巴癌；9 月 13 日@veggieg（王菲）宣布与“@一号立井”（李亚鹏）离婚；10 月父子亲情《爸爸去哪儿》真人秀推出，星爸萌娃逆袭荧屏，在微博热议；11 月汪峰微博发新歌希望登顶头条，惨遭五连败；而同期，英国首相卡梅伦微博外交，海外政要玩微博渐成潮流。

2014 年，也就是微博上市年了。1 月 25 日玉兔号月球车出事后，“@月球车玉兔”发出第一条微博“啊，我坏掉了”。微博上的这只“兔子”立刻引起全民关注；2 月 8 东莞扫黄，市长袁宝成一直面带笑容，被记者们描绘成以“嘿嘿”做答，于是东莞市长就被一些媒体称为“嘿嘿市长”，成微博热点；3 月 8 日，马航 MH370 失联，牵动着亿万国人心，在微博热议；3 月 15 日，新浪微博提交赴美上市申请，计划融资 5 亿美元；3 月 27 日“新浪微博”改名“微博”；3 月 31 日@文章同学发表《致#周一见#》；4 月 17 日，新浪微博在纳斯达克上市，股票代码“WB”。

……

综观微博诞生到上市这个阶段，其发展呈现出强势迅猛的势头，因其即时性、去中心化等特点，媒体集中式的供给结构解体，逐渐使微博成为信息的传播中心和集散平台，改变了传播生态与信息传递模式；个人媒体大爆发，随着明星、官员丑闻的爆料引发了一场场的舆论盛宴，也从而掀起“草根”反腐并推进制度反腐，作为新媒体，它俨然成为中国最重要的信息平台，这促使传统媒体转型，通过微博提供传播和经营的新形态，实现了新闻传播形态和经营的多元化，所有大事件通过微博发布迅速传播，公众通过微博获取和分享信息。

新媒体也刺激了政务的主动、公开，及时传递政府的声音，重视网络谣言治理、正能量的传播和矩阵联动式的服务，政务微博成为官民沟通的新场域，在互动方面越来越生动、灵活、及时、接地气，成为网民与各机关、各部门互动的优良渠道，微博问政蔚然成风，公民表达话语权在此得到提高，同时，微博也成为了政府促进政策制定和执行的平台；微博降低了表达门槛，在形成舆论影响力的同时掀起了新公民运动，成为媒介批评的新阵地、网民的“公共议事厅”，造就了公共事件和社会情绪的共振，譬如“小悦悦事件”“空巢老人”“微博打拐”“甬温动车事故”“抗震救灾”等经过微博的推动，公众参与程度非常高、社会反响更强烈。从“扑克寻子”到“微博打拐”，掀起微公益热潮；“郭美美”事件加快公益透明化进程；而一些传谣频发的现象也加快了相关立法步伐；“富士康几连跳”等事件在微博上的争议则唤起了有关单位部门在各方面的高度重视和生存压力引起的社会反思；地沟油事件、“瘦肉精”事件、“染色馒头”事件、“骨汤门”“豆浆门”“勾兑醋”“塑化剂”“香精事件”“速冻水饺细菌超标”“乳品黄曲霉毒素超标”“毒胶囊”等在微博上的热议引导社会舆论监督成为食品安全建设的重要一环，加大了监管和惩处力度；微博已经成为公共事件引爆和发酵的网络平台，在网友讨论的过程中挖掘事实真相和推动事件解决。而且，微博的速度对公共事件的传播大有裨益，比如马航飞机失联事件中，微博是最早发布信息的媒体平台，20 多天里相关话题的浏览量达到 18.1 亿。微博开放式的传播链条有利于信息自净，在重大突发事件中对稳定社会情绪、引导舆论方向有积极作用。

从影响力上说，微博大 V 已经在新媒体环境下构成了意见领袖，他们在一定程度上起到了传播舆论引导的作用，其言论在集群力方面不容小觑，在公共事件上往往扮演着非常重要的角色。在 1 对 N 之间，意见领袖可能调动几万、十几万、几十万的粉丝，意见领袖们在微博上发布一条信息以后，往往会一石激起千层浪，粉丝们一哄而上，又是转发又是评论，形成巨大的驱动力。不过，以往在关于意见领袖评选方面，曾一味侧重粉丝的数量和互动的数量等指标，结果很多拥有高人气的娱乐明星占据榜单，然而实际上这种明星的影响力在那些关系到国计民生的大事和议题上并不能主导舆论走向。而真正的“意见领袖”应该是有着公信力、美誉度、专业特长，并长期在信息筛选、对公共事件舆论引导上有着明显的影响力的人物。

而对于大众来说，通过微博记录自己的生活，晒个人生活照、晒身材、晒美食大餐、晒新款穿戴、晒参加活动的台前幕后……总之，衣食住行，都被随时拍照、上传，寥寥百字，一目了然，同时，微博也引领着流行文化，正在改变社会生活方式，“微博 + 智能手机”让公民记者和自媒体从概念走向现实。微博早已成为新的民意渠道，全民性地参与、影响着社会进程。当然，它是以一种传播工具的身份存在的，而在年龄、身份、位置、地域、职业等方面都迥然有别的网民手里也相应地发挥着各自不同的影响和作用。而从微博互粉到微信加好友，有人称这背后的逻辑是人们天然追求更强的关系。

在这样的背景下，微博的商业价值也日益明显，多数企业都建立了自己的官方微博，微商城进一步推进了电商步伐，营销闭环不断被跑通，

从单纯营销到营销 + 服务。即便是作为自媒体而言，微博也显然使得内容和营销合二为一了，这有利于微博营销的产业化。比如一家名为快书包的公司，以微博营销为其生存方式，放大了用户体验，并从而获得微博基金的900万元风投。在这些现象进行中的同时，包括微博营销、微电影、微小说、微博招聘等一系列垂直应用不断得到开发，微博市场竞争逐步走向精细化。

有一利必有一弊，譬如虚假信息的泛滥、微博谣言地不断滋生，则给社会稳定带来一定的影响，不过，这样也会反向促使网络健康秩序的完善，于是也便催生了微博实名制，对营造诚信健康的网络环境产生了积极效果。

综上，微博的价值和稀缺性由此显现，回过头来，我们再说资本与微博的有效对接，上市印证了微博独有价值，也巩固了它在社交媒体的地位。想来，社会资本看重的不仅仅是收益分红，更重要的是未来发展前景以及社会需求度等，而不仅仅是局限于眼前，从用户规模、使用频率、增长潜力以至于还有品牌价值等来看，微博是有着明显优势的：微博的传播价值、服务价值、娱乐价值、营销价值等方面也是显而易见的，而社交分发机制也在不断迭代，技术市场方向也有着突破趋势，譬如表现在微博相机的产生，以及对秒拍的支持，这似乎意味着微博在重新布局视频领域，精准地讲是布局短视频。关于上市，曾经微博不被人看好，被认为是为应对微信挑战而仓促上市，而微博则实现了逆势崛起，于是有人发现，无论风口如何吹，资本如何投，一家互联网公司价值核心要素，并不是取决于它目前能赚多少钱，而是其未来的行业地位以及这个行业是否足够大。

自媒体与智媒体

从某种程度上讲，微博也代表着自媒体的发展，无独有偶，微博已经开启了“微博自媒体”的认证，其进入门槛如下：①清晰图像；②绑定手机；③发布过大于等于20条头条文章或20条视频微博；④持续贡献固定领域内容。如果你是满意足以上所言的条件的四个条件的注册用户，不妨在Sina Visitor System提交申请，在申请之际提交你所擅长的领域和有关的证明材料，而作为获得批准的依据之一，你要证明的是你在你所定位的行业或领域具有内容原创或者说生产的能力，如果你的微博的内容五花八门，没有针对性，杂乱无章，主题又相对分散，那么即使是满足上述的四个条件，也会被驳回。也可以说“微博自媒体”是针对专业内容型用户，“帮助拥有社交资产的用户变现”被视为微博自媒体的核心原则。原创自媒体的收入，并非来自微博官方的补贴，而是基于市场机制的变现。所以这里还是有必要强调一点，作为个体的微博用户，做内容最好还是往垂直类内容方向靠拢，聚焦用户兴趣。

自媒体探照灯

网络促进了交往和社会化，自媒体也就俨然成为了一种社交语言，以至于被用来代指这个时代，称“自媒体时代”，也就是以个人传播为主的“媒”时代，这个“媒”就是媒介、媒体。全民皆“媒”，自媒体平台汇聚了各路思想、文化、行业资讯内容。微博就是这样的自媒体平台，每个人都可以通过微博这个社交媒体独立获取用户的身份，每一个注册账号都是一个小小的媒体，就是自媒体，它用一种心照不宣的认同感、召唤力，迅速聚集起大量用户，数以亿计的个人媒体，潜藏着巨大能量，凭靠着彼此之间关系的双向性和多维度，搭建起一个强关系和弱关系并存的网络，让每个人的声音都有落脚之地。

自媒体的影响和作用不可小觑。比如前几年不堪房屋中介推销电话骚扰的演员王小山在微博上悬赏千元人肉搜索，寻找链家地产董事长左晖的电话号码。不到一天，这条微博消息就被转发了数千次，他所征求的号码也很快被翻了出来公布在网上，左晖在微博上做出回应，向王小山及被骚扰的客户致歉，承诺改善公司的营销方式，这是借助自媒体的一次“庶民的胜利”。再比如浙江余姚市三七市镇领导下乡视察水灾，某领导因穿高档鞋，由年近六旬的村支书将其背进灾民家．此事被在场的网友即时拍照上传到微博和微信上，立刻引起社会广泛关注，白岩松评论：“这属于鞋没进水，脑子进水。当地的快速反应体现了执行力，也反映出不管你是哪个级别的干部，只要脱离群众都是零容忍。”自媒体几乎可以忽略不计的低门槛的发布自由，让人们随时随地可以将身边的事情速递公之于众，形成了新的舆论格局。网民们自主性地转发、互动、参与、评论起到了传声筒、挖掘机和放大器的作用，通过在网络空间的充分发酵，形成大范围的公众议题，加强了舆论的影响力。有人气的大V们或者意见领袖们就像探照灯一般，把一件件事从暗处带到公众的视域里。

名流的自媒体有着自证和圈粉作用，除了那些演艺明星自不必说，还有很多企业家、财经人物、社会公知等，比如一路背负骂名走过来的地产大炮任志强通过微博让人们全面地认识他，以免断章取义以偏概全，从而化解了以前的一些误解，反将很多谩骂转化成了赞扬之声；李开复、杜子建、蔡文胜、薛蛮子都曾借助微博而爆红，杜子建在微博早期借助微博发起公益赈灾，创造了利用微博进行公益营销的奇迹，以至于后来被人称为“中国微博营销教父”；而现如今广泛使用的微博抽奖方式则正是最先由蔡文胜发起，这位有着个人“站长之王”之称的投资者在自媒体方面缔造了很多创举，除了微博抽奖，还是第一个对自己的微博定位的人，第一个在微博上开启拍卖的人，第一个在微博中送汽车的……

微博让一些人名利双收，也使一些草根迅速崛起获得商业变现。

譬如曾有一个“微博搞笑排行榜”的微博，年收入高达1500万元。

智媒体新生态

与自媒体发音相近，平卷舌之别，一字之差，“智媒体”则另有所向。自媒体是个人媒体的平台，智媒体则是从科技智能的角度来说的，也就是智能化的科技化的媒体。智媒体是媒体的未来或者说明天。

随着现代通信与信息技术、行业技术、计算机网络技术、人工智能技术的汇集，到移动终端的智能化，各种应用的智能集合，智能化的概念正在渐渐渗透到各个行业以及我们的生活之中，媒体的智能化也便自然走入了人们的意识。

尤其是2017年，媒体业新闻资讯的精准智能算法，第一次在用户感知的层面上逾越了新闻编辑和社交推荐；信息流模式压倒目的性搜索，成为网民最主要的资讯获取方式之一；短视频自媒体似乎迎来了红利期，在前一年以一条、二更为代表的短视频开端以来，无论是短视频的制作者还是搬运工都似乎意识到它的传播体系和商业化之路，视频产业迎来了资本的追逐和野蛮成长期，并将步入精耕细作的发展阶段，而2017年也被视为"中国短视频爆发年"；此外，"媒体大脑"的出现，施以包括2410（智能媒体生产平台）、新闻分发、采蜜、版权监测、人脸核查、用户画像、智能会话、语音合成在内的八大功能，覆盖从线索、策划、采访、生产、分发、反馈等全新闻链路，让云计算、物联网、大数据、AI等多项技术为媒体赋能。

在共享经济和碎片化经济的勃发下，媒体的智能化就更为紧迫，譬如通过网络整合海量、分散的社会资源进行智能化匹配分享，目前共享经济是以移动端为基础的网络经济，说起来也是一种典型的信用经济，而高效智能化是其实现资源匹配的路径。智能化媒体也就在这中间承担起传递信息互动交流的责任，社交媒体的智能化场景过度和智能化服务马上浮出水面显露出冰山一角。

智能化有着先占一城的思维，它将有着更为主动的智能分发和传播，更为精准的信息与用户匹配对接、更为便捷的操作和阅读体验，并从而形成内容与商业的协同迭代。当然，这一切正是基于大数据、云计算、移动互联、虚拟技术、人工智能、物联网等各类新技术和黑科技的发展轨迹。当VR、AR、人工交互、人脸识别、语音识别、无人科技等进入商用和普及期，新一轮的智媒体变革也就在所难免，而全媒体、融媒体等也不过是这个"媒"时代发展进程中的过渡形态。

其实，不仅是媒体的智能化，整个社会生态都趋向智能化，智能化生态系统也有利于形成多元化、可持续的商业模式与盈利模式，从而实现信息与自媒体用户需求的智能匹配的媒体形态。

除了技术上的智能化，还有就是价值观、个性化、认知方面的智能化，从而避免虚假信息垃圾信息等恶性地滋生，体现媒体的良知和优质良性的发展等，实现供需的及时性无缝对接，那么利用先进的技术手段来甄别自媒体提供的大量资讯信息内容，根据每个用户的历史浏览状况等来配比个性化、精准化、定制化的信息对接服务，并可以实现人机交互，基于人工智能技术，智媒体本身也在这样的过程中不断地自我完善、演进、进化的发展。因此说，智媒体的"智"，有三个层面，一个是智慧，一个是智能，一个是智力。初步阶段智慧主要体现在信息好坏的甄别能力，智能主要体现在自动匹配的个性化服务，智力主要体现在其自我的演化完善。

网红进化论

随着自媒体的风起云涌，“网红经济”也炙手可热。这个现象不能不令人沉思。我们不止一次地被各种冠以“网红经济”的论题所牵扯，所以我们有必要回顾一下网红这一现象的来龙去脉。

网红，顾名思义就是网络红人，主要是在网络生活中因某事和某种言行举止而被广大网民关注并广为人知的人，简单来说就是一个人在网络上火了，基本就可以称之为“网红”。目前我们熟悉的比如咪蒙，从在豆瓣写剧评，到暴走微博，到运营微信公众号的大红特火形成用户红利，她以泼辣的爆文掀起热潮，篇篇“100 万 +”的走红则被她归因为“新女性的崛起”，她的公众号头条广告刊例是 75 万，她自称是文学硕士中最肤浅的，媒体编辑中最恶趣味的，专栏作者中拖稿最严重的，她已经成为一个新媒体品牌，一个人格 IP，她背后站着的是一系列的产品：一个 1300 万粉丝的公众号“咪蒙”，一个新媒体矩阵“才华有限青年”“我又宅了一天”等，还有一个知识付费平台“芝士”，一家影视公司；再比如微博上的网红“回忆专用小马甲”专门在博文上晒两只宠物猫狗——折耳猫“端午”和萨摩耶“妞妞”以及生活记录和各种萌照；比如同道大叔，自 2014 年 7 月在微博开始发布一系列星座吐槽的漫画而走红，并把阵地转移到微信公众号上；再比如 papi 酱，靠着变音器发布原创短视频而走红，后以 2000 万的费用签下综艺首秀，并获得融资，曾被估值 1.2 亿……

诸如此类，除了在微博、微信上走红的，还有的在淘宝平台走红，或者在网络音频平台、在网络视频直播间走红的等，并且往往因其人气而产生了强大的“吸金”能力。其实关于网络上的“红人”在十多年前就已经出现，但网红一词真正叫响亮起来还是在 2015 年，所以有人把 2015 年视为“网红元年”，其实应该说是“网红”命名之年。说起网红还要从网络自媒体还没有诞生之前说起。

文本时代

中国的互联网时代崛起于 20 世纪 90 年代后期，伴随着互联网的起步以及在世界范围的普及，网络文化在舆论引导力的鼎力推崇作用下，突飞猛进。BBS（Bulletin Board System）仿佛雨后春笋般涌现出来，网络语言开始活跃，一种新的文学形式——网络文学便由此而产生，作为文学的另一种形式，它打破了传统纸媒文学刊物对文学的垄断局面，使得很多文学爱好者不用通过繁琐的审核和其他门槛就可以在网络上发表自己的作品，让众多的网民们追文而来。

文学网红

在专业的文学网站、个人主页和电子阅读还没有纷至沓来之前，SBS

站在那个起步阶段就是文学爱好者的乐园。那时是20世纪的1998年，一位名叫蔡智恒的台湾作者以“痞子蔡”为网络昵称出没于BBS（BBS上的id为jht），他在BSS上开始连载他的第一部小说作品《第一次的亲密接触》，迅速引起大量网民关注，一夜之间红遍海峡两岸，成为汉语文坛网络文学旗手。

从某种程度上说，那个时候的痞子蔡热潮现象就已经开启了网红时代，只不过当时还没有“网红”这一约定俗成的简称（说法）。现在看来，痞子蔡就是那个时候的“网红”。由于网络光缆的延展和用户的激增，在这颗火种播下之后，网络文学蔚然成风，也是由于那时候图片上传功能有待完善，还不具备视频上传功能，当时网上的内容还比较贫乏，所以，文字在当时是主打，网民们在聊天室、BBS上舞文弄墨，榕树下等文学网站兴起，而那时的“网红”也就是靠文字扫出来的“天下”，到如今这第一批“文本时代”的网红被称为“文学网红”。

痞子蔡之后，浙江宁波的励婕用一个女童式的网络昵称——安妮宝贝开始网络写作，以《告别薇安》成名。曾混迹天涯虚拟社区的宁财神发出正话反说的知名神帖《天涯这个烂地方》，后因编剧《武林外传》大获成功，用他的话说，网络成名就是“走了狗屎运，挡都挡不住”。一个叫李寻欢的网友在20世纪90年代末活跃在各大文学论坛，以《迷失在网络中的爱情》《边缘游戏》等成为第一代网络文学写手，后来恢复了他的本名路金波，成为知名出版人。当年工科博士出身的邢育森也因《网上自有颜如玉》《活得像个人样》等作品被到处转载，引来跟帖无数，后来成为情景剧的资深编剧，他与李寻欢、宁财神合称为那时候网络文学的“三驾马车”。2000年，江西南昌的曾雨凭借着在新浪网金庸客栈上连载颠覆西游的惊世之作《悟空传》而声名鹊起。法学出身的郝群以慕容雪村的网名在天涯社区的舞文弄墨版块发出了一部悲情的小说《成都，今夜请将我遗忘》抓住了文字漫天飞的互联 Web 1.0 时代的尾巴飞速暴得大名，继而成为 2003 年度的网络风云人物……

图片时代

2003 年春，还是初中生的钱志君由于一个偶然的不经意（无心）地一瞥（斜眼）被人抢拍下来并把此照片传到网上，随之召来许多网友的疯狂 PS、花样百出，并被称为“百变小胖”，出现在各大论坛，从而开启了网络恶搞的风潮。所谓无心栽柳柳成荫，小胖钱志君因被网友恶搞而走红，各种娱乐热点往往会被带有小胖新表情的胖脸所恶搞，难得幸免，有电视台称他为“网络第一当红小生”，登上英国最有影响力的全国性日报之一《独立报》的亚洲版，直到后来使他一脚踏进影视圈，参演了喜剧《爱情公寓 4》。

2004 年，以游学之名混迹北大、清华 BBS 的咸阳女子史恒侠的塑身、舞蹈等各种姿态的生活照大批贴到水木清华和北大未名 BBS 上，迅速成为热门话题，据说有数千人于同一时间在线等待她的“妖娟 PP”，她用的网名叫 huobingker——“火冰可儿”，还有昵称“水娟妖姬”等，因为最开始在水木清华 BBS 上传个人照片的时候所用称谓为“清水出芙蓉，天然去雕饰”，所以，网友们称她为“芙蓉姐姐”，一鸣惊人，成为当红一姐，她经典夸张的“S”雷人造型横空出世，风靡全国，以至于后来有雕塑家根据这一搞怪造型创作了一件精美的雕塑作品。她以胖为美“狂舞清华”，接连三年笑傲百度搜索风云榜，这位“黑桃皇后”（自称）的喜感出场被网友们戏言为“惊天地泣鬼神”。后来变“S”形胖少女为“端庄贵妇”出演话剧《唐朝也有流星雨》，将杨贵妃增添了喜剧色彩。随后她进军大屏幕，出演电影《A 面 B 面》里补品店的活字招牌女店员“桃花”，让人捧腹。她又参演由陈楚河、贾青、张达明、午马主演的音乐电影《月光恋》，同时她又开始进军歌坛，开口大唱，有原创单曲《芙蓉说》《爱痕》，励志单曲《祈祷》、英文单曲《彩虹闪耀》，翻唱《千年等一回》等，并在北京星光现场举办了个人演唱会。直到她减肥塑身，以全新形象开启她的公益之旅，走进央视参加励志类脱口秀节目《奋斗》，完成了从娱乐大众的被称为“恶俗炒作第一人”的丑角到“励志女神”的 8 年蜕变，可谓终于“修成正果”。

“凤姐”罗玉凤也是以丑角的形象蜚声网络的。不是因为她身高 1.46 米，其貌不扬，而是因为她这副尊容配上她超乎常人的“自信”。2009 年秋末，只身混迹上海的罗玉凤在地铁陆家嘴站散发出千余份征婚传单，上面开出了令人咋舌啼笑皆非的雷人条件，誓嫁 1.80 米的名校硕士生。其七大征婚标准据传如下：“第一，必须为北京大学或清华大学硕士毕业生。必须本科硕士连读，中途无跳级，不留级，不转校。在外参加工作后再回校读书者免。第二，必须为经济学专业毕业。非经济学专业毕业则必须精通经济学，或对经济学有浓厚的兴趣。第三，必须具备国际视野，但是无长期定居国外甚至移民的打算。第四，身高 1.76 ~ 1.83 米左右。长得帅的比较好一些。第五，无生育史。过往所有女友均无因自身而致的堕胎史。第六，东部沿海户籍，即江、浙、沪三地户籍或广东、天津、山东。北京、东北三省、内蒙古等地户籍。西南地区即重庆、贵州、云南、西藏、湖南、湖北等地籍贯者不予考虑。第七，年龄25～28岁左右。即2006级、2007级、2008级、2009级毕业生。有1～2年的工作经验，2006级毕业生需年龄在28岁左右，2009级毕业生则需聪明过人。且具备丰富的社会实践经验。就职于国家机关，国有企事业单位者不愿考虑。但就职于中石油、中石化等世界顶尖型企业或银行者又比较喜欢。现自主创业者要商榷一番了。”——此事被人记录下来传到网上，马上掀起狂热的争议。随后凤姐登上江苏卫视情感访谈栏目《人间》，那一期名为《我要嫁白马王子》，她更是语出惊人，自称“懂诗画，唱歌，弹琴，刺绣等。最擅长诗歌与散文。并精通古汉语。博览群书。较为狂妄。无堕胎史，无生育史。交过几个不了了之的男朋友。具体进展无。主要要求男方身家清白，聪慧过人”。“我9岁博览群书，20岁达到顶峰。我现在都是看社会人文类的书。例如《知音》《故事会》……往前推三百年，往后推三百年，总共六百年没有人超过我。”“要说我写诗的风格嘛，比较像顾城，写文章嘛，人家都说我像鲁迅。”对征婚启示的条件，她解释说，“聪明是征婚条件中最重要的一条，我阅人无数，少说两三百人，通过我的比较，北大和清华毕业的人比一般人聪明”“没有男孩子能在智商上超越我了，只能在身高和相貌上来弥补”“掌握了经济就掌握了世界。经济学是所有学科中最先进的，管理学次之。我希望将来的另一半能是一个精通经济学的人，这样才能一起打拼创造出美好的未来”，由此网友戏言她是“宇宙无敌超级第一自信”“最牛征婚女”，凤姐自嘲：“青春就是拿来挥霍的，我现在正在挥霍青春。”她在博客中透露，她曾做客山东电视台《开讲天下》节目后，有众多男士向她应征。她还参演一部现代戏的电影《还是甲方乙方》，做客星空卫视制作播出的脱口秀节目《lady 呱呱》，自曝仍是处女，做客青海卫视的动静脱口秀栏目《嘎嘣爆米花》，气走了三位观察员，上山东电视台录制《快乐向前冲》节目，大秀身材，成为《时尚星达人》嘉宾，参加电影《五号停机坪》在广州举行的新星选秀活动，与“淑贤哥”同场斗法，争演主角，后参加“足球宝贝评选”，在网上发布消息说要代言魔兽世界，代言某胃药的广告片，出场费30万元，代言某洗发水遭到公司员工的坚决抵制，网友对她也褒贬不一，有人摆上她的照片说是辟邪，郭德纲在相声里就说凤姐“贴门上辟邪，贴床上避孕”，凤姐现身“中国达人秀”，却遭黑衣男现场对她砸鸡蛋的喜人一幕。“信凤姐，得自信；信春哥，考本科！考过高富帅，战胜官二代”成了网络流行语，更是凤姐支持者的口号。那一年，在国家广电总局对“相亲类节目泛滥、造假、低俗”等倾向着手整改之际，《焦点访谈》借凤姐痛批婚恋节目造假，“凤姐”因此再成热点。2010年11月，她以旅游签证出国远赴美国纽约求职，到美国中文电视台应聘，面试失败后火线提出在其签证到期前通过申请政治避难来获取美国绿卡。她接受《纽约时报》采访表示：“我把美国人民当作亲人，但在这里我受到了种族歧视。”随后她在微博上透露绿卡申请受挫而去外地餐馆打工，又据网友曝光，凤姐在美国做起了修脚工，并以照片为证。到了2011年年末凤姐在微博中高调炫耀自己拿到美国绿卡，却因一条“我要烧了美国移民局”的微博遭到控告，因散布危险言论差点被遣返。到了2015年春，凤姐又在微博上发声要回国创业欲融资1000万元做美容项目，并贴出了某投融资平台项目链接，并称“只要努力你就是老板！”

微博时代

微博的诞生推进了网络舆论场的影响力走高和草根自媒体的全面崛起，一大批段子手在微博上火起来，有的昙花一现，有的转型，不管怎么说，微博缔造了更多可能，使得更多草根成为红人，而微博红人也从而带动了网红经济，千万投资频现……

图 2 “总裁语录”上榜网红截图

经历了最初的骚动，微博网红开始出现了不同的形态，一种是因发布内容备受关注而火起来的，比如前面提到的专晒萌猫萌狗的“回忆专用小马甲”，又比如薛之谦靠着在微博上发一些搞笑段子频登微博热搜榜，从一个歌手化身为一个精分段子手；“天才小熊猫”也是个段子手，2010年借着3Q大战创作了著名的《右下角的战争》系列一举成名。2013年4月9日，“使徒子”在微博上晒出一套漫画，6位中国文豪主角：鲁迅、冰心、钱钟书、曹禺、徐志摩和老舍变身成超能力斗士，每位人物都有一句自己的主题词，随之他便以系列漫画走红，被网友们称为“真相帝、吐槽帝、重口味”；“伟大的安妮”也是通过漫画的形式爆红微博；“耳帝”则是靠着品鉴歌手唱功水准而成为微博知名的音乐博主；还有“魔鬼经济学”“冷笑话”“留几手”“谷大白话”等。一种是因参与某事或出奇的举动爆红的，比如“@月球车玉兔”“奶茶妹妹”。再有一些领域内的名人或明星开博圈粉，也成了网红，比如享有国际盛誉的开创性的理论物理学家和宇宙学家史蒂芬·霍金（Stephen Hawking）在2016年4月12日进驻中国的微博平台，发出了第一条中英文双语的微博，向中国网友问好，称希望通过社交媒体与网友交流，分享生活趣事和工作心得。在其发出问候的一小时时间内，其粉丝量便突破30万，网友们纷纷留言点赞，称“Welcome!”，短短5个小时内粉丝量又涨破100万，后迅速飙升到了300万数量级，一时成为“史上蹿升速度最快的网红”；还有就是前两种或三种兼而有之的，比如前面提过的王小山，发内容是社会生活娱乐以及各种预测的，同时又人肉房地产公司董事长，蹭热点，好抬杠，对抗蒙牛那样的公司，不怕被警察打，不怕被“喝茶”，把自己杠成全能型网红，这位德扑拍手“老网红”开了家卖酒的淘宝店，月入几十万元，后创办酒品牌公司“汉景”获400万元天使投资；一种是明星开博圈粉从现实火到网上的；又如“和菜头”，在网上和人缠斗，骂战不断，其口碑两极分化严重，从早期在中青在线、金庸客栈、泡网江湖、天涯论坛、凯迪社区的BBS砖手到Blog到新浪博客再到泡网Blog再到Twitter和微博，和菜头似乎乐此不疲，后因微博界面的信息流问题高调卸载了微博官方客户端……

多元化的自媒体时代

随着微信公众号、斗鱼、花椒、今日头条、百家号、A站、B站、秒拍、快手、火山、大鱼号、一点资讯、喜马拉雅还有其他一些视频直播、音频录播和内容创业平台的崛起，自媒体更加多元化，包括一些门户站开辟的自媒体比如搜狐自媒体、网易自媒体、腾讯自媒体，加之旧有的各大博客空间、QQ空间、百度贴吧、BBS等网络社区，人们选择的余地越来越多，并有了一些分流的现象。当然也有人对自媒体怀有异议，唱衰自媒体，不过在全民话语权的自媒体趋势面前，在整个行业还“蒸蒸日上”的背景下，这种论调就有点“哗众取宠”了。

从某种程度上说，微信已经占据了社交媒体平台的头把交椅，并成为自媒体龙头，抢了微博的流量，不过因为微博的开放性更为适合迅速广泛地传播，所以，这并没有使微信黯然失色，用几年前美国《大西洋》月刊网站上的说法就是，微博和微信它们功能不同，用户群都很庞大，许多人两者都用。说起来，微博、微信各有所长，微信的朋友圈是私人的，微博是公众的，要最快速广泛传播或者了解一些公众事件像明星动态还是用微博的，即便是在微信占据主导成为大多数移动网民每日必看的手机应用的今天。譬如王宝强离婚事件，就是借助微博成为一时热议，期间也是通过微博不断爆料的，2016年8月14日凌晨，王宝强在微博中发声，声称因妻子马蓉出轨经纪人宋喆，郑重解除与马蓉的婚姻关系，同时解除宋喆的经纪人职务。这条微博发出一个小时后，QPS（每秒查询率，即最大吞吐能力）瞬间增长2倍之多，刚刚经过两天的升温与发酵，转发就达67万、评论达265万、点赞超493万，据Google Trends数据显示，王宝强关键词也一度达到热度100最高峰值，于是网友们开始声讨马蓉，扒其背后内幕，形成舆情的持续升温。2017年12月1日，马蓉跳出来开了微博小号（不吃素的狮子asdfgh）并称，原微博（金耳朵兔子）账号“被盗”，说有人用她家人名义发布的言论，是不负责任的造谣，她将通过法律手段讨回公道。之后，马蓉就用这个新微博账号，发她和一对儿女的日常生活，大都是晒她给孩子做饭的图片，制造出一副“贤妻良母”的形象。2018年1月27日，黄毅清在微博爆料王宝强起诉马蓉离婚案子被驳回，再引网友热议。

放下这个话题不说，这里只是拿这个例子说明微博在今天依然是公众事件传播的首选平台。再比如更近一些的李小璐“夜宿门”事件，在2017年12月29日晚，一篇爆料李小璐和PGone同回男方家中彻夜未归的博文被秒转，与此同时贾乃亮在某平台直播回复网友“李小璐去做美美的头发了”，随之李小璐陷入“出轨风波”，遭到大多网友的指责，而PGone也在微博第一时间做出澄清，管贾乃亮和李小璐叫哥嫂，说自己没避嫌。随后贾乃亮在微博做出回应，大体意思就是“我相信她”，之后李小璐也发微博回应网友的质疑与指责，回应称谢亮哥信任，会与异性保持距离，表示当时有多人在场，他们只是研究剧本。但此回应也牵扯出了马苏。马苏也以最快时间出来发微博对此事做出解释，帮助李小璐澄清，还晒出了跟贾乃亮的对话截图，贾乃亮过了2个小时左右才回。事情在进一步的发酵过程中，虽然当事人都做了澄清，但是不少网友仍是不依不饶，看到马苏的解释后，翻翻之前李小璐的回应和 PGone 的微博等信息，结合起来对比，提出很多疑点和漏洞，并还有一些惊人的发现，而贾乃亮官博的那篇深情博文表示自己对不起李小璐，最后恳求公众给予自己一些时间处理家事，声明中也默认了李小璐出轨。而 PGone 不仅所有的节目被封杀更是被《人民日报》等多家媒体点名批评。这时有新任“纪检委”之称的黄毅清又跳出来，在网上评价马苏等演员的性格以及私生活，此举引发马苏不满。2018 年 1 月 12 日下午，马苏本人前往海淀法院，递交了起诉黄毅清的起诉状。而此时李小璐也已委托北京星权律师事务所将相关侮辱、诽谤言论发布者（新浪微博用户“电影蝼蚁”“王小辉 Alex”“月亮是被朕掰弯的”等多个涉嫌侵权主体）分别起诉至北京市海淀区人民法院……此事前前后后几乎都是以微博为阵地，可见微博在公众人物事件中的影响力。正如专栏作家罗西所言：微博是孤独者的天堂，微信是寂寞者的乐园。有人更习惯微博。网友猪头 3 留言：“微博我看好，这是中国唯一有点 freedom 的地方，其启蒙作用，其他工具与此相比不值一提。”

当然，从手机端使用的频率来看，目前微信的势头锐不可当，以微信为代表的原生自媒体正在不断开放，自立门户。这两年，通过微信公众号火起来的网红夺人眼目，比如 papi 酱，从“TCgirls 爱吐槽”微博账号，到“移居”微信公众号，以短视频受到万众瞩目，又如同道大叔也从微博“移居”微信公众号，依托星座文化和漫画元素成为“星座娱乐专家”和“少女之友”。其实，微信大号基本可以视为微信网红的代名词，并且他们赖以生存的商业模式正浮出水面，其吸金能力令人乍舌，

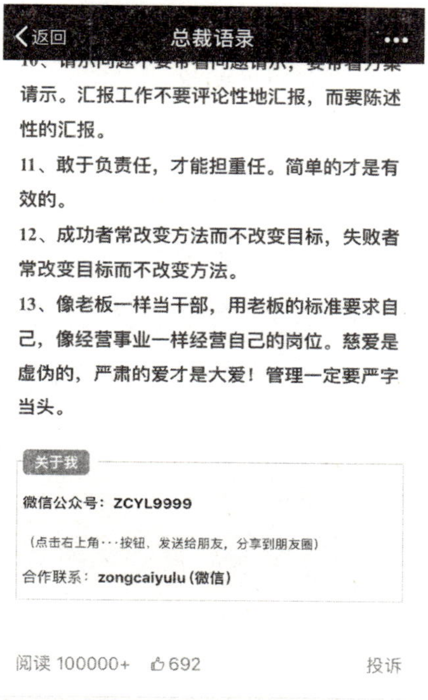

图 3 随机截取“总裁语录”“10 万 +”文章

有媒体调查报道，“在淘公号的平台上，对这些微信大号明码标价……一个粉丝数 40 万以上，平均阅读量 10 万以上的公众号头条报价从 1.6 万～3 万元不等……这个级别里知名度较高的公众号，如石榴婆报告、严肃八卦、黎贝卡的异想世界等价格也水涨船高，非头条价格均在 10 万元以上。而 200 万粉丝以上有一定知名度的大号收费在 10 万元起跳……”不过，据有关人士说，对于那些大 V 公众号来说，由于成本问题，这也只够维持运营，利润空间不大。

此外，我们来看看这几年飞速发展的视频领域，以优酷、爱奇艺、酷 6、56、土豆、乐视、搜狐视频、腾讯视频等为代表，自媒体也嵌入视频，微博、微信都上线了视频产品，快手、火山、今日头条、西瓜视频、微博、秒拍、小咖秀、晃咖、抖音、muse（musical. ly）、映客、陌陌、美拍、小影、阳光宽频等平台的视频蜂拥而至，还有一条、二更等短视频自媒体崛起，明星们也加入其中，比如赵丽颖、李云迪、贾乃亮、TF-BOYS 等庞大的明星阵容入驻秒拍、小咖秀等科技旗下矩阵品牌。视频的红火从而产生了一批视频网红，自媒体视频脱口秀“罗辑思维”主讲人

图4　“总裁语录”现身直播红人季，百万粉丝争睹

罗振宇迅速成名。2016 年 5 月微博首届“超级红人节”也隆重推出了“十大视频红人奖”，由 Papi 酱、回忆专用小马甲、艾克里里、穆雅斓、谷阿莫、黄文煜小盆（朋）友、王尼玛、谷大白话、国民老岳父公和李大霄获得。

除了以上所述，和微博、微信、贴吧平台的不断自我更新和自媒体的不断自我演化，还有一些值得提一下的直播平台捧出的网红主播，比如 YY 主播阿哲、利哥、斗鱼知名女主播冯提莫，他们线上做直播和发微博，并给产品做代言，线下则接 TVC、平面、电视台通告、商演和网剧拍摄等。连推荐书单成名的锤子科技 CEO 罗永浩和 papi 酱也加入直播。直播成为众所瞩目的一个趋势，2016 年 5 月，淘宝也正式推出了“淘宝直播”平台。据称，移动互联网上的资讯直播，也将以视频为载体，图文为辅助的形式存在，真正实现“多媒体”直播，帮助用户更加及时、立体和有效地了解事情本身。

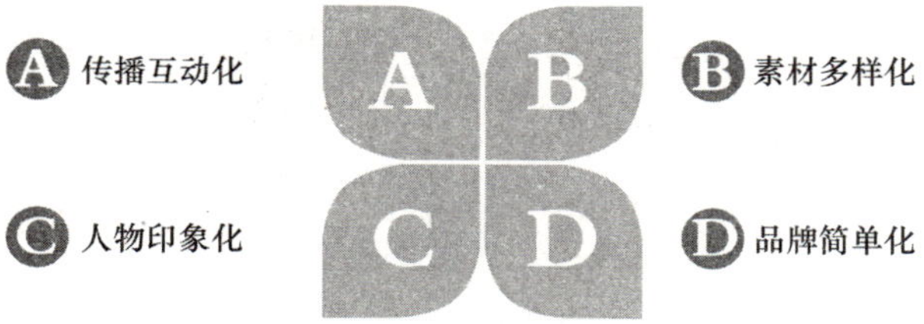

图 5 网红社交互动之道·直播工作室

其实，无论微信、微博、直播，都曾借助一些名人和网红吸引大批用户，那么网红靠什么红的？各路达人不一而足，有的是靠内容，靠才艺，有的则是靠脸，有的靠段子，甚至有的靠骂，靠哗众取宠，有人按类型分为“奇葩型”“个性型”“颜值型”“内容型”“才艺型”“专业型”……经过进化，有的“艳压群芳”，有的昙花一现，有的稳扎稳打，要真正成为长期的“网红”，绝不仅仅靠“脸”，关键还是要靠专业实力。

从粉丝经济到网红经济

有关人士把网红分为1.0、2.0、3.0三个阶段，从网络开始深入大众的普通生活开始也就是20世纪90年代末到2004年，靠着网络文学，以痞子蔡、安妮宝贝、南派三叔、当年明月等网络写手为代表的被视为网红1.0；之后一直到2010年左右，以制造噱头、话题为手段，以芙蓉姐姐、凤姐为代表，以财经文化为卖点，如吴晓波等，被视为“网红2.0”；2010年以后，以相继崛起的自媒体平台微博、微信和知乎为代表，以图文、小视频、表情包、秒拍、美拍等为形式，网红逐渐进入了多元化多媒体的3.0时代，对专业化的要求也更为强劲。这个时候，网红们已经不局限于一个平台，而是多平台运作，尤其是微信、微博、直播等，可谓多管齐下，齐头联动，同时更注重“个性化内容生产”与“魅力人格体”的绑定，注重粉丝的诉求和关注点。网红变得更为市场化，他们已经不仅仅是在虚拟世界里的自我展示表演与娱乐体验，还抱着明确的商业动机，宽频时代也给了他们更大的表现空间，至于网红本身几乎就形成了光环效应。这个道理等同于我们前面所提及的“名人效应”，借助自媒体网络平台，网红们快速聚拢粉丝，把网红培养成明星级，也就被一些机构看好，因为网红自带粉丝效应，自带关注度和话题度。

应该说，微博网红出现以后，其逐渐商业化甚至产业化的模式就开始形成了，其商业链条在2016年突显以来，引起整个社会的高度重视，于是“网红经济”成为热门话题，2016年也因此被称为“网红经济爆发元年”。据那一年“第一财经商业数据中心”的报告估计，2016年红人产业产值接近580亿元。从某种程度上说，网红经济在直播、视频和电竞产业发展起来之后，其导流能力就开始照进现实，电商和直播则是网红经济的直接动力，网红们纷纷开网店，淘宝的半壁江山被网红店主占据，微博也正式成立网红电商平台，当年的微博网红如雪梨、张大奕等大V通过微博提供内容，再通过淘宝变现，年销售额已经过亿元。微博官方数据显示，截至2016年，微博合作的电商企业就已经达到2000多家，包括淘宝、聚美优品等电商平台。同时微博上聚集的电商网红已超过1.5万，网红经纪公司上百家。另一方面，泛娱乐直播市场规模在网红的带动下更呈快速增长之势，2016年，其规模228亿元，与2015年的74亿元比较，大幅增长207.1%（在直播行业，泛娱乐直播暴涨的同时，企业直播显出蓝海市场，微吼独占鳌头，“想播就播”获得百万美元天使轮融资，“云犀直播”获千万级Pre－A融资）。相对的，资本和经济公司也纷纷把目光投向网红，有人曾将网红经济公司分类如下：“从内容着手孵化网红，按内容类型可分为四类：淘品牌电商网红孵化，典型公司有如涵电商、缇苏；秀场主播类网红孵化，典型公司有中樱桃、校花驾到；段子手类网红孵化，典型公司有鼓山文化、楼氏传媒、牙仙文化等；视频节目类网红孵化，典型公司有万合天宜和暴走大事件等。”其盈利的渠道方式主要是自媒体公众号和直播打赏、广告代言、电商分成、还有综艺节目影视出演等。

说起来，网红经济还是“粉丝经济”演化来的，现在两者并存。“粉丝经济”这个概念我们并不陌生，早在十年前这一提法就已经有了，它最早应该来自于娱乐圈，影视和层出不穷的选秀节目，缔造出一批又一批的偶像、明星，也培养起来一批批的粉丝团。网络社区、社群形成之后，他们分门别类聚集起来，当时便把“百度贴吧”作为根据地，形成了各明星、偶像的粉丝吧，这些明星、偶像们也藉此圈粉，一呼百应。甚至产生了拿薪水的“职业粉丝”。娱乐圈的大明星们在一众铁杆忠实粉丝们的追捧下可谓名利双收。早些时候，粉丝们购他们喜爱的歌手的演唱会入场券、唱片 CD，那时候不叫粉丝叫追星族，就是粉丝的早期形态，而其形成的经济形式开始主要体现和应用在音乐领域，艺人歌手的收入由 CD、演唱会门票、彩铃下载和卡拉 OK 中点歌版税构成，也因此有专业的机构在 2011 年将 ARPU（Average Revenue Per User，每用户平均收入）的概念引入到粉丝经济中，还有购买他们追逐的明星电影票、录像带、电视剧 VCD，还包括影视歌星、球星的签名物品，他们喜欢或代言的手机、电脑、饮料、化妆品等品牌商品，以至于购买与明星有关的任何东西，比如明星们吃的、穿的、用的、玩的和出版物等，这种“爱屋及乌”的消费行为以及因此而带来的明星广告效应等构成了最初的“粉丝经济”。不过“粉丝经济”这个词的出现是在 2000 年以后，伴随着娱乐选秀节目浮出水面，比方说“超级女声”“我型我秀”“加油！好男儿”“创智赢家”“舞林大会”。2006 年接近年末，全球第一个推出的“粉丝节”在那个环境背景下创立推出，作为以“粉丝”为主题、真正属于粉丝自己的节庆活动，组委会主办方明确宣称“粉丝节”的目的就是为了孕育“粉丝”健康文化，撬动一个潜力巨大的“粉丝产业”，并倡导提出“粉客”概念，并全面诠释“粉丝”“粉时代”“粉一代”“粉一族”“粉文化”“粉经济”“粉产业”等，对粉丝给予充分的肯定。新兴的“粉丝经济”似乎由此被放大起来。而在网络上，比如刚提过的“百度贴吧”也显现出威力，时间推到2014年，杨幂的“蜜蜂吧”粉丝数量在3天内便从70万飙升到80万，很多人也已经意识到了粉丝潜在的商机。2016年歌星王菲的演唱会门票就炒出了高额价位。其实，这类明星的粉丝群都有了自己的代称，除了杨幂的粉丝叫“蜜蜂”外，那英的老牌粉丝叫做“纳米”，赵丽颖的粉丝叫“颖火虫”，TFBOYS的粉丝名叫“四叶草”，杨颖的粉丝叫“杨家将”，吴亦凡的粉丝叫“梅格妮”……

有人说，粉丝经济的核心就是刷脸，“刷脸有很多方式，靠广告代言、商业演出、跑综艺等苦哈哈的实干刷脸法已经算是低阶苦力了，相比之下，开公司、做投资是比较高端的玩法，也是当下娱乐圈中当红明星的必选项……”。

随着自媒体和移动网络的发展，“粉丝经济”这个词从娱乐圈蔓延到其他领域。因为其普适性带动了这个网络时代、流量时代的弄潮儿，IT业、网络上涌起粉丝经济的大浪，于是各种品牌、各类名目的粉丝都现身了，比如小米手机的粉丝叫做“米粉”，拥护华为的用户被称为“花粉”，苹果手机的粉丝叫做“果粉”，魅族的粉丝叫“魅友”……

粉丝这个词被越来越多的领域借鉴应用。一些公司也着力利用粉丝经济打造爆款网红，反过来说，网红也是打造粉丝经济的利器，无论是自媒体还是大平台，粉丝们在网红的引导下开始各种消费，对于自带粉丝的网红，各大平台投入技术和推广支持，流量与内容强强联合，激发平台内外的良性发展，打造有价值的商业模式，譬如淘宝直播就此增强了网红的变现能力，淘宝直播第100天的时候，曾经的微博网红张大奕在 2 小时内成交额就接近 2000 万元。这可以说是网红借助粉丝经济的一次成功范式。不过要让“粉丝经济”的营销模式发挥到极致，收到实效，还需要具备一些要素，有人总结出几点，比如偶像因素、概念烘托、限量供应、以服务取胜、口碑相传等。

也有人说“粉丝经济”正被“网红经济”和个人 IP 取而代之，其实，我们所说的网红们也正是借助粉丝经济的力量，先是在社交媒体上聚集人气，之后依托于其庞大的粉丝群体进行定向营销，从而将粉丝转化为购买力，形成了网红经济，打开了另一个红利窗口。“网红”的商业变现能力和“网红”产业链条延伸受到资本的青睐，认可度也相继提高。

无论是粉丝经济还是网红经济，其野蛮生长和盲目跟风的现象，所带来的变现效果也逐渐式微，虽然说自媒体比如一个公众号的商业变现价值的质量取决于“公众号对其自身粉丝的影响力和粉丝数”，但并非粉丝数量多、影响力大就可以实现商业价值变现，粉丝引流到线下参加活动或消费也不是轻而易举，有效的流量变现模式，流量以及内容的精准度都是很重要的环节。从市场空间来看，中国有近 8 亿网民、微信用户已近 10 亿。2018 年 8 月 8 日，微博发布 2018 年第二季度财报。2018 年 6 月，微博月活跃用户数增至 4. 31 亿，与上一季度相比增长了 2100 万，净增量创下过去三个季度的新高，移动端占比达到 93%。同时，微博日活跃用户数增至 1. 9 亿。商业化方面，二季度微博营收为 27. 54 亿元，同比增长 59%，再次超出华尔街平均预期。有人指出，未来的流量越来越垂直化、精准化、细分化，进入了 2. 0 时代的网红电商需要走向非常专业和高效的阶段了。

其实，除了“粉丝经济”“网红经济”，还有“共享经济”“无人经济”，针对某一群体运用而生的经济模式，还有“懒人经济”“宅经济”“银发经济”“她经济”“颜值经济”等。

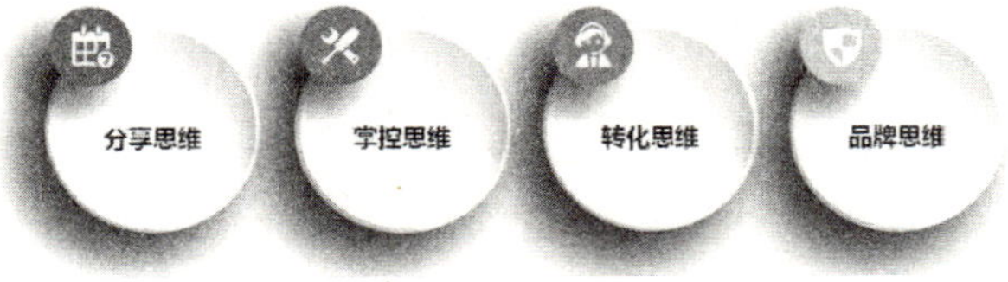

图 6　网红的传播思维

微信的高黏性

说到网红赖以生存的自媒体，其中微博、微信是很关键的，这两者也被视为 Web 2.0 时代的标杆媒介产品，也是两大自媒体龙头。前者，我们在之前的篇章对两者的区别有过详细论述，这里我们有必要进一步谈谈。

微信与微博之别

其实，关于两者的不同，网络上包括微博上已经有很多网友的评说，总的来说，微博是开放的、公众化的，微信是闭环的、私人性的，想了解明星动态和一些新闻都是用微博的；微信基于朋友圈，多用于朋友之间的交流，更倾向于聊天，微博则对普天下的人，更看重陌生人之间的直接联络，被视为“中国定制版的推特”，是各种信息和思考的分享平台，是获取和传播信息的渠道；也可说，微信是熟人社交，微博是实时资讯；微博是渴望得到陌生人的回应，微信朋友圈是渴望得到朋友们的关心；有人打趣说，微博是看看大 V 互撕，跟看电影一样，微信用来聊天，微博用来发泄。微博公开谈公众化的事，主打新闻媒体，微信是朋友圈、聊生活，主打生活服务类；微信就像亲人之间的悄悄话，微博就是社区里大爷大妈们的碎嘴皮子，上谈天，下聊地！微博来自新浪，继承了新浪作为网络门户的媒体基因，是信息传播媒体（Social Media Platform，社会媒体平台），微信来自腾讯，继承了腾讯的基因，是社交聊天工具（Social Communication Platform，社交沟通平台）；对社会正义和公民对道德舆论监督上来说，还是要倚重微博，传递社会能量；对于朋友间以及与自己圈子里的人群互通有无或互为娱乐更偏重微信；微博的即时性和传播的速度与广度无人能敌，微信的互动、朋友圈子文化以及传播的精准和有效性更胜一筹；微博的信息量非微信可比，关注千百个帐号，每条百字的信息，一目十行，也可以随时筛选出自己喜欢的信息，而关注微信公众帐号十几个，往往也就懒得去翻，只在聊天群和朋友圈里看到有谁转就顺便看看，不过，微信的互动聊天非微博可比，群聊和朋友圈里全是互动……

微信和微博，“二微”之间，在功能上有一定的重叠或者说交叉，但特点不同，两款大体上是属于两个不同的用户定位，一个传播媒体，一个交流工具，微博广大深远的信息平台是微信不能代替的，微信便捷的私聊和一个个小圈子的抱团沟通也是微博不能替代的，微信更多地是给手机的短信业务造成致命的打击。关于微信和微博两者谁胜出的问题，其实现在只是个伪命题，没有必要下结论，正如一位网友所言：“不同应用之间的关系，很大程度上是时间占有率的问题。如果出现一款很好很普及的游戏，占用了大量客户的微信微博时间，你能说这款游戏‘打败’了微博、微信吗?”

用户黏性

从这两年移动应用的排行榜来看，微信位于榜首，根据有关数据统计，微信的用户已经达到 8.5 亿。《2017 微信数据报告》显示，截至 2017 年 9 月，微信日登录用户超 9 亿，日发送消息 380 亿条，日发送语音 61 亿次，这两个数据相较 2016 年分别上涨 25% 与 26%，日成功通话次数超 2 亿，较 2016 年增长 106%。微信用户日发表朋友圈视频次数 6800 万次，较 2016 年增长 26%。

从某种程度上讲，微信俨然成了移动互联网时代的巨头，如此庞大的用户群体或者说如此巨大的人流聚集地，蕴含着广阔的利润空间。作为我们日常生活中使用最多的移动应用，无论吃饭、购物还是聊天社交都已经离不开它了，可以说微信真正融入了广大用户的生活，作为微信社交关系链延伸的功能，微信支付基于用户交往和生活的需要“大行其道”，极大地方便了我们的生活，符合并形成了用户的使用习惯。如今人们购买生活用品以及出行等都不用现金了，微信、支付宝成了人们的首选。大街小巷随处可见的扫码支付，连摩拜等共享单车也利用微信扫码解锁，这些也无疑地在给消费者带来了便利。

早在 2015 年 Quest Mobile（移动互联网研究的数据服务公司）发布的 App 价值排行榜单上，在用户黏性方面，微信即已夺冠，所有 App 的月活、日活及应用的使用总次数、总时长排行中，状元和探花都被腾讯的微信、QQ 包揽了。

过去人们早晚听广播、看电视，现在上下班坐地铁、挤公交，走在路上，甚至不管何时何地，随便看看，身边很多人都习惯性地拿着手机看微信或微信聊天，可见微信的人气多盛，用户黏性多高了，据称一线城市用户饱和度已经达到90%以上。当然这是从应用平台的角度来说的，而不是自媒体的个人微信号。不过，平台就意味着资源，人气也代表着财气。于是公众号崛起，公众号的流量红利出现了，公众号有一个比较官方的说法，就是“流量主”，这也就意味着借着内容的吸引度来换取付费获得广告费、粉丝的打赏、甚至众筹等等。还有一些流量很大的公众号，从线上到线下活动，从“读书会”到“亲子游”，从“美业”到“健康”，更多地出现在细分行业和垂直领域。

微媒体的“炮灰”

在这个网络时代，信息传播正在转向以个人为主的媒介形式，自媒体平台的崛起，提供了各种可能，每个人都可以申请在上面发表信息，并且身份变得多重化，每个人都是自媒体的受众，同时也都是一个自媒体或潜在自媒体。似乎每个人都是麦克风，每个人都可以是记者，每个人都可以是新闻传播者，都可以通过自媒体建设个人品牌。

然而，并不是每个自媒体都可以产生影响力，大多数的自媒体都是名不见经传，也并不能盈利，也或者是赢利很低。有的甚至昙花一现，就撒手不管，有的则在其手中半死不活。在微媒体蓬勃发展的背后，很多数自媒体只能充当“炮灰”而已。

从意义到盈利

自媒体一个重要的具有社会发展的价值和意义的一点，是它让每一个人都有了话语权，有了自由评论的空间，而当它具有了充分的人气，也让更多商业企业人士看到了其营销的价值，在草根民众蜂拥而上，诸多平台鼎力扶持自媒体的发展的同时，有更多的自媒体人将其作为盈利的工具来运用或者说用它来达到盈利的目的。当然，这也无可厚非，它是正当的、合法的，也是时代发展的必然。有人群的地方就有市场。

从微博到微信公众号，创业者从中看到了新的希望，投资者从中嗅到了新的商机，广告主从中感到了销售的模式，各大媒体从中看到了热点，以个人微博和个人微信公众号为主的自媒体藉着用户或粉丝的黏性，早就成了一种盈利渠道，也是营销的渠道。无论是大企业主还是小生意人，都不约而同地投之以期许的目光。然而，自媒体也并非都会成为传播和销售的不二法门，别人的成功不一定能被复制，现在做的人太多了，数以千万，而且每个人都可能是潜在的自媒体，如微博、微信，可以说已然是全民的传播分享和社会交际工具了，分蛋糕的人数不胜数，再大的蛋糕也不足以分，只有少数脱颖而出，而他们也都自有其吸引用户留住粉丝的独门绝技，比如咪蒙靠的是特立独行的犀利泼辣的文风，吸引着众多粉丝，保持用户的高黏性，也从而有了“落鸡汤教主”的绰号；papi 酱靠的是自成一派的诙谐幽默加吐槽式的原创短视频，大红大紫，抓住 UGC 内容井喷的契机，也抢先抓到了手机移动端吐槽小视频最早的的一波红利。然而这毕竟是少数，步人后尘只能是邯郸学步，方法不对，你也只会充当下一抔“炮灰”。

虽然说伴随着自媒体的发达，也进一步为知识付费生态添火加柴，打赏和付费问答都如火如荼，但这并不能维持正常的自媒体运营。为广告主和投资人的赏识，才是目前自媒体盈利的大头，也就是诸多大号的主要收入来源，而小号还一味靠打赏久而久之不足以坚持原创的高度，也多难免落个灰飞烟灭的命运。还有那些令人反感的明显的广告植入模式和一味推送产品的“单一模式”也终将为人厌弃。况且现在自媒体之间抄袭成风，粉丝黏度也在持续地下滑，如此转化率也就不足以吸引投资或广告主。

从内容到微商

从传播到盈利，作为自媒体引导着粉丝从分享到消费，还有很长的路要走，不是一蹴而就的。从吸睛的账号名到标题、内容，想使得用户持续关注，让粉丝有打赏的自主愿望，不是说几句俏皮话就行的，要让更多人产生共鸣，针对什么样的群体，主打什么，啼笑怒骂也好，幽默搞笑也好，打温情牌也好，都是需要考量的，总之，缺乏优质的内容和系统的运营方法以及持之以恒的态度，就只能当炮灰了。

微媒体时代，有很多演变为“微商”的自媒体，初期一些草根藉此咸鱼翻身，成为微商头牌军。随着微商的泛滥与风靡，于是各种乱象丛生，从头牌军到杂牌军遍布也就是一转眼的事，从淘宝、京东到朋友圈代理，从粉丝互动到智能推荐机制，线上营销渠道的迭代对应着从流量为王到内容为王的争辩，自媒体大 V 日进斗金的神话，也带来了坐地发财的投资陷阱。

不过，利用自媒体来吸粉、做口碑，还是微营销最简便而有效的“盈利”手段，运用得当，它自然可以为你的传播和营销平台添砖加瓦。不管怎么说，作为个体的自媒体，还是以用户兴趣为出发点，聚焦垂直类内容，才更有可能有效地吸粉和形成影响力。

- 微文化的地平线
- 层次与界面
- 内容不一定为王
- 重塑参与感
- 人格化渗透

5

Chapter 5 冰山一角

编者按

这一章介绍了微媒体独特的文化样态，以及面对市场化潮流的机会和困扰。

在新的媒体形态下，人们的阅读习惯、思维方式，已经发生了深刻的变化。但真正能成为时代的佼佼者的少数人，其实都是善于坚持那些贯穿任何时代的基本逻辑，又能在新的时代背景下，赋予这个基本逻辑与时俱进的内涵的实践者。有些媒体的基本规律，其实并没有失效。失效的，只是原来的样态。

本章特别提出了“内容不一定为王”的疑虑，这个疑虑，不是作者自己的，而是新的媒体形态带来的，大家普遍关注的问题。作者最终回应了这个疑虑。

总而言之，这里的“内容”，就是“由具有相当的专业知识背景的人，对事实进行提炼、总结、组合、渲染等过程后，提供给受众的，具有相当的深度和权威性的信息”。这个权威性信息，既有对事实的介绍，也有“道”的层面的，涵盖了价值取向、规律趋势等的判断的核心价值观念。随着公众受教育程度的不断提高，对信息获取、辨析的手段的迅速发展普及，传统的依托媒体平台的权威性的发布，已经失去了绝对的统治地位。在这个意义上，传统形式的“内容”，确实不再是“王”了。但真正的负责任的、有价值的信息，对于微媒体核心意义，并没有改变，只是其具体的形态，发生了变化。

困扰微媒体主体的另一个问题，就是所谓的“黏度”，这个黏度，固然可以黏住一些粉丝，成为自己的利益变现的途径和筹码，但也因此将自己和粉丝黏在了一起。有些粉丝，对自己与偶像的关系，并没有很理性的认识，更何况，很多时候，每个粉丝都有一个问题来叨扰，对于个人，就是“压力山大”了。但如欲实现与粉丝的黏度，以求以此变现，就不仅不应抱怨为难，反而要乐于交出自己的自由的空间。只要涉及到了商业价值，什么样的空间，都是利益的江湖。微媒体大咖们，就如江湖中的大侠，“自由”只是表象，对别人的责任，才是真正的“侠之大者”。

所谓“一成大咖深似海，从此自由是路人”。这个围城不是随便可以进来的，更不是随便就能出去的。是否出入，何时出入，怎样出入，都是自己的选择和努力的结果。

微文化的地平线

无论是微博还是微信，它们也只不过是不断演化的新媒体时代的过渡产物，是许许多多微媒体的一个窗口。其反映出来的生活方式，也只不过是信息数字化时代的一个侧影，是新生态变化中的冰山一角。

伴随着数字科技、互联网与移动互联网技术的普及和不断发展，以微博、微信、微视频、微公益等微媒介的出现与繁衍为代表，逐渐形成了一种以微为特征和内容的新兴文化，我们姑且称之为“微文化”。当每个个体都可以是独立的发布点，数以亿计这样的独立发布点构成了网络传播的新结构，意识形态的多元化、传播方式的去中心化、信息的碎片化、即时性，重新定义了这个虚拟与现实并存的世界。这种微文化已经悄无声息地渗入到了社会的方方面面，构建着新的网络氛围，潜移默化的影响着我们的生活，给我们的工作、学习等方面带来了深刻而广泛的改变。

新风潮

作为互联网所衍生的一个新风潮，或者说新文化现象，“微”字也代表着新兴媒体产生和发展的文化特质，它也给予了草根和公民参与社会生活的有效路径，使人们有了更多自主表达思想感情的空间，获得了更大的话语自由和传播途径，并从而形成了新的商业模式。

除了目前最有人气的微博、微信等微媒体，还有微电影、微小说、微哲学、微新闻、微直播、微广告、微支付、微投资、微课堂、微审美、微梦想、微社区、微论坛、微电台、微纪录片、微商、微传播、微云、微空间等文化艺术生活和经济形式，而由此有了微观、微阅读、微赏析、微评论、微创、微买卖等新的表现和体验形式。

当然，还有一些名称不带微字的，如QQ、米聊、陌陌、抖音、快手、头条等，其实也是微文化的一种新媒介形式或社交、传播工具等。借用他者来说，以新媒体技术的持续更新为前提，文化的发展更加具有时代性、先进性，形成了微文化在当下社会的发展现状。面对这个新的媒体时代和全球化视野，这便形成了微文化的地平线。我们所理解的地平线是指可探知新的文化边界、新崛起的某种文化艺术和经济形态，从而去探索未知，寻求突破，造福人类。

微文化听上去微小，其实却有着强大无比的力量。它经由五湖西海乃至世界各地的普通民众的信息汇集、碰撞、分享和传播，产生了不同凡响的影响。它彻底颠覆了所谓的权威话语权，也就是去中心化，它可以使一条简短的信息在瞬间四海皆知，可以让一个内容制作者一夜爆红网络。它更为及时地让人们有了抒发情感、表达看法，传播信息，展示生活，无论是感动、温情、气愤、震惊还是自己的小情绪都可以得以释放，它可以是普通人的日常记录，也可以是名流公众人物与大众的交流，也可以是新闻在线、实时讯息，无论是以多点发布的网络传播结构为中心的社交平台，还是以信息内容单元的时空限度为中心的传播载体或者文化样式，都藉此呈现出自身的特有属性，在扩散的途径中寻求着转变观念、革新形式等新的机遇。

过滤与自律

在当前，社会文化的构成多元而复杂，网络化、碎片化的交互情景解构着传统所固有的文化意识形态维度和原本的价值体系，分化为诸多圈子和微文化的意识趋向，微媒体更可堪称“微”力无边。然而也正由于这种广阔而杂语喧哗的视野反衬出每个群体、每个个体之间以及虚拟与现实世界之间的距离，也从而展现出文化的多元生态。这些微文化的共存与交融，千姿百态地分布于世界的各个角落，装点着我们的现实与虚拟世界的生活，形成“微时代”的到来，藉着各个网络平台而衍生着个体和微观发展的文化现象。

作为一种网络文化的延伸，微文化不仅潜移默化地影响和改变着我们的生活方式，也更进一步改变着我们的思维方式，其快速、便捷、交互的特征冲击着固有的主流价值观的主导地位，消解着核心价值观的厚重性，它给人们提供了较之于不胜其多的表述交流互动的空间，改变了各种资讯信息内容传播的速度、流程、方式和范围，其接收与变异和海量的节点与散布，正能量与负能量的纠结，既极大地丰富了大家的生活、工作和学习的内容，给我们提供了更多的机遇，打破了时空的界限，也良莠不齐地带来了各种各样的危机，比如一些虚假信息的泛滥、网络骗局的肆虐，不良舆论事件等。

从微文化的角度看，微博更注重群体传播的广泛性与公共性效应，而被视为舆情载体，微信则更倾向于圈子的精准效应，作为社交平台，微信群不再等同于社群，却是社群的载体和利器。以至于有人说：“无微信，不社交；无社交，不商业。”

微文化也更进一步带来了小微的文化创意，产生了新的经济活动形态和生活形态，“微”字俨然成为可理解我们这个时代的一个关键词。应该说微文化虽然以微命名，但却往往具有广泛的参与性和时效性，因而还缺乏一定的文化沉淀，流于短暂、粗浅、简单甚至片面。当然，在其发展的过程中，它所赖以形成的那些海量信息内容和文化价值也必然经历被无形地筛滤和流失，在经历奇观般的“爆棚”和喧嚣之后，走向更广阔的自律。

微创意与微营销

微媒体、微文化的形成，也造就了“微”营销、微创意的趋向和产业化。从几个字、一句话到秒拍、快手，从创意瓶盖、3D 打印、乳牙盒、寻物防丢贴片到口译机、自行车导航工具、复制粘贴打印机、腰带水瓶、蓝牙自拍器、智能斑马线……微创意变身为生活中的小神器，并通过兴趣的催化在微媒体的推动下形成一个个群组产生交集，促成了微营销、微投资甚至大融资。一些大投资也多来源于微媒体时代下的微创意，从而形成了一种经济文化现象，比如共享经济。君不见，共享经济风靡，共享单车来了，从网约车滴滴，到摩拜共享单车，再到共享充电宝，不能不说“共享”正在构建我们全新的消费习惯与生活方式。其实，共享领域已越来越奇葩，美柚的共享卫生巾已经让人傻眼，还好是愚人节的玩笑。从国际的视角来看，荷兰有家名为 Humanitas home（荷兰的一家共享养老院名称）的共享养老院，美国有种共享宠物平台 DogVacay（美国一家共享宠物平台），共享经济的模式已在深深影响着我们的观念，从住宿的 Airbnb[①]、出行的 Uber[②] 到技能分享的 Taskrabbit[③]，以及 Lendingclub[④]。无人经济来了，似乎一夜之间，形形色色的“无人”科技相继浮出水面：百度的无人车开上了北京的五环路，淘咖啡无人超市被踏破门槛，京东的无人物流成功送单，云洗无人洗车机在广州琶洲展馆亮相，天猫的“汽车自动贩售机”年底落地，世界最长的无人驾驶高速公路在俄亥俄州接近竣工……无人科技引动的无人经济一时甚嚣尘上，成为街谈巷议。而这些传播都是微媒体的造势效应。

我们所处的这个时代日新月异，在过去十年，互联网彻底颠覆了传统生活，腾讯颠覆了固有社交，改变了人们的沟通方式；淘宝颠覆了实体店，改变了人们的购物方式；余额宝颠覆着银行，改变了人们的存钱方式；支付宝颠覆了现金交易，改变了人们的支付方式；滴滴、摩拜颠覆了老式交通，改变了人们的出行方式和共享观念；App 包揽了“衣食住行”各领域，也随时都有可能被淘汰。科技与产业模式的进步，正在不断赋予社会的不断变化以全新的加速度。

网络化和微媒体在全球掀起了一股热浪，这也让无数的创业者嗅到

---

① Airbnb：一个可在全球范围内预订特色住宿并发布房屋出租信息的网站。

② Uber：一家美国硅谷的科技公司，因旗下同名打车 APP 而名声大噪。

③ Taskrabbit：一个任务发布和认领形式的社区网站。

④ Lendingclub：P2P 平台鼻祖。

了商机，纷纷借力营销、传播、造势，社会节奏的加速，海量信息的智能化筛选甄别，都帮助人们改变了人们消费和使用媒介的观念与方式，而不再依赖于原来的权威机构媒介，即时性的巨大飞跃，微媒体形成新的交互方式，微分享与微营销的无处不在，也让各种微创意迅速发酵，更快速、更方便、更简单地走入人们的视野。

层次与界面

网络时代衍化的微媒体也带来了广泛而复杂的信息和知识量，大规模数据的转换和储备具有现时不可或缺的作用，层次聚类也是其中的一个技术，而更多的层次性探讨其实都有着普遍的价值，只是有时候被忽视了而已。从微媒体的社会化标签到网络层次体系的建构，从各种结构的衍化到界面的衍化，在多元性、不规范、即时性等特点共存的情况下形成了新的挑战。

需　求

我们绕开那些主观的技术层次之类，先客观地从需求层次来看看微媒体的运营契机。这就不得不老生常谈地提到马斯洛的需求层次。作为西方经典理论之一，这一理论早已被广泛应用，从低级的生理需要、安全需要和社交的需要，到高级的尊重需要和自我实现需要，似乎很多事情多可套用之，把它运用于微媒体的实践传播，也概莫能外地找到了契合点。

微媒体形成了广泛的不断更新的信息源，让人们随时掌握大到社会变局小到身边人发布的所见所闻所感，一方面实现了社会知觉，一方面实现了切身知觉，大大降低了对未知的恐慌，这也可以视为安全需要的一种形式。微媒体大大促进了人与人之间的交流，不仅是亲人、朋友圈，更在于陌生人和有共同兴趣爱好者的相识和交流，使大家更快和更容易地找到同道者和需要结识的朋友，这就是社交需求。马斯洛的需求理论中认为每个人都渴望一种归属的需要，也就是成为群体中的一员，并相互关心和照顾，毕竟人是群居动物，而以微博、微信为代表的微媒体极大地降低了门槛，提供给人们自由表达和信息共享的舞台，让人人都有了话语权，满足了人际交往和融入群体与互动的需求，原有的所谓“受众”的概念也从而变得愈来愈薄弱，个体被放大，由旁观者演变为参与者，并且每个个体都能成为“生产者”，个人化、个性化、个人品牌从而凸现出来。每个人从而可以塑造自己，寻找共鸣与认同，以实现自我价值，加之被关注与回复、内容创业、打赏激励等，有了被尊重和自我实现的途径。

微媒体同时还满足了人们的几个社会角色的层次，一是知识的传播者，二是经验的分享者，三是规律的总结者，四是问题的解决者，王是新的创造者。在信息传播的过程中，传播者与接受者之间产生互动反馈，而每个人既可以是传播者又是接受者，这个特殊的网络虚拟空间，传播与接受者具有了某种同一性，也满足了传受双向的需求。

融　合

微媒体被视为新媒体时代很关键的社交媒介，而被定义为新媒体重要的具有代表性的三个层次是媒介技术、人类行为、社会结构。以数字化、多媒体、互动性（区别于传统媒体最大特征）、网络化、个人化为主要特征的新媒体重构了传播过程中个体与个体间的社会关系，也使得传统媒体的角色功能定位发生了改变，媒介融合的概念便从书斋走进了普众的视域。

媒介融合随着互联网技术的发展改变了媒体内容的制作方式与传播途径，突破了以往的信息发布局限，传统的中心化的媒介格局不复存在，新旧媒体之间的界限逐渐淡化与模糊。在“融合”的媒体环境下，不同的表现形态并行不悖，为全民记者、公民记者的实现提供了可能，让广大民众较之以往非常充分地行使舆论监督权，但与此同时也增加了言论自由被异化、滥用的风险。

有关学者研究其层次性体现在媒介的融合程度上，根据不同的融合程度，将媒介融合分为互动、整合、融合三个层次，其融合程度依次加深。媒介融合表现为技术融合、终端融合、内容融合、产业融合、文化融合。也有学者从技术、经济、组织以及制度四个维度来分析和理解媒介融合的内涵和层次，而它不止是涉及技术、经济、组织以及制度等多个构面和层次的概念，更是人类社会发展进程中一个全新“技术—经济范式”的内核。

另有学者从纵向和横向两个方面将媒介融合进行划分，在纵向上分为互动、整合和大融合三个递进的层次，横向上分为传播内容、传播组织（传播者）和传播渠道。每一层次融合的主体是不一样的，在互动层次融合的主体是传播内容，在整合层次融合的主体是传播组织，在大融合层次融合的主体是传播渠道。由此，媒介融合的三种形式为：传播内容的互动、传播组织的整合和传播渠道的融合。

从阶段性的层次划分来看，也有学者将其分为“互动”“整合”“大融合”三个层次。媒介互动也就是媒体战术性融合，媒介整合是媒体组织结构性融合，最后的媒介大融合就是不同媒介形态集中到一个多媒体数字平台上。在媒介融合的过程中，内容和服务被视为至关重要的关注点。

还有学者提出了终端、渠道、业态商业模式等三个层次的问题，提到“大媒体（Mega Media）”系统（渠道）的形成，传媒内容、渠道和平台增多，媒介的功能多样化，技术上已实现，渠道构建也趋于完成，而面临的便是新的媒体系统的用户平台如何构建，其内容如何生产、如何分发、商业模式如何建立等问题。而解决这一层次的媒体融合问题将是一个长期而持续的过程。

营　销

媒体融合，加之微媒体日益壮大，信息传播快、覆盖范围广，并打破了时间、空间的束缚，这给营销带来了巨大的机会。如运用得炉火纯青，则事半功倍。

就微媒体的营销而言，粉丝就意味着“生产力”。然而粉丝也不是绝对因素。以转发和直发形式的微媒体营销其实还只是比较低级的层次，即便是靠名人或草根大 V 的影响力，还是有很多水分，而不足以形成社会化营销。有人曾提出基于官方微博为中心的内容与运营策略，配合外部资源，是可取的微博营销方法。以微博为例，以微博为中心运营平台，借助其他的外部资源来打造和包装一个微博红人（网络红人），这是一个可以借鉴的微博营销方法。还有一点就是微博应用，这是个很好的工具，让自然传播率大大提高。

从名人吸粉，到草根大号，以微博为代表的微媒体在社会化媒体的营销中充当了一块垫脚石，而其层次也从粉丝经济、口碑互动、二次分享逐步拓展开来。而就以企业组织形式为代表的微博而言，有关实践总结进而提出了微博整合营销理论——PRAC 法则，它涵盖微博运营体系中的四个核心板块，分别为 Platform（平台管理）、Relationship（关系管理）、Action（行为管理）、Crisis（风险管理）。在平台管理层面，PRAC 法则倡导“2 + N 微博矩阵模式”，即以品牌微博、客户微博为主平台，补充添加运营领导员工微博、粉丝团微博、产品微博及活动微博；针对企业做微博时一直困惑的用户关系处理问题，PRAC 则梳理出粉丝关注者、媒体圈、意见领袖为主的“3G 关系管理”群体；而对于行为管理，PRAC 系统介绍了引起注意、品牌推介等七类典型营销行为。

微媒体成了从个体到组织形式兼而用之的营销载体与模式，同时也为服务型企业和组织打开了一个全新的客户服务窗口或阵地。而其服务层次就更不一而足了。

界　面

微媒体的可视性，与数字界面的实用性水乳交融，在大数据时代，数字界面早已取代传统形式。“界面”一词放置在信息传播领域，延伸了其泛称的“物体之间的接触面”的本意，成为传受之间关系建立与维系的形式，有学者称，人类媒介传播史就是媒介界面不断优化以满足受众需求进而提升媒介传播能力的历史，传播媒介界面的进化逻辑符合美国后麦克卢汉主义学者保罗·莱文森所说的媒介演化“人性化趋势”。媒介界面在满足人类感官需求上，从单纯诉诸于视觉（报刊等平面媒介界面）、听觉（广播媒介界面）到诉诸于视听觉（电视媒介界面），直到诉诸于多种感官（互联网、手机媒介界面），经历了从感知失衡到感知平衡的过程。作为最新的媒介形式，互联网和手机等媒介的互动界面，始终将受众作为优化的出发点和归宿。受众利用技术带来的便利条件，真正拥有了长期缺位的反馈权利，受众地位得以提升，在与大众传媒的互动中赢得话语权，进而改变既定的传受格局。

微媒体互动界面带来了广大草根或者说受众话语权的提升，颠覆了传统的“中心化”“一对多”的传播格局。而界面的复杂与多样性以及交互特征上从早期的文字、图形到 Flash①、音视频、H5 等，经历技术到设计的转变，促进了受众的客观需求，而打赏、支付功能的介入集成了变现的便利条件。

微媒体界面离不开网络技术的发展，软件、移动应用 App，为媒体界面提供了迅捷多变的可能。从可视界面具有的视图性来看，界面元视图、层级视图、接口视图、算法视图、流程视图、传输视图构成界面视图的要素，分级结构为用户从低级到高级的过渡形成了阈值强度的标准。

界面直接关系到用户的操作便利和喜好，更是呈现内容的主要载体。而另一面，从媒体方面来说，界面所展示的图示、导航等信息，直接关

① Flash：一种动画创作与应用程序开发于一身的创作软件。

系着人们的关注和介入，它在一定程度上实现着空间的多元化展现与信息的快速化传达以及提供更加丰富的交互式体验。

从传播语境的发展与转换的角度讲，媒体界面扮演着媒介控制权转换枢纽的角色。传统的核心格局被打破后，受众具有了决定权，受众的自主点击与反馈，表达对媒体传播信息内容的态度，成为传播的主导因素，结合张佰明等有关传播方面学者的话，我们可以总结为：受众的媒介控制权之所以能够引起媒介组织的重视，数字媒介提供的互动界面成为关键因素。媒介控制权的逆转和受众主体地位的确立，是传媒科技发展的必然结果，并凸显出媒介界面在媒介权力转换上的枢纽作用。

媒体界面的多元化，在互联网与移动通信的活跃中，也需要开启一个创新场域，尤其是手机成为人人每日接触最多、最广的媒体传播工具的时候，移动媒体界面也就显得尤为重要，当界面的需求逐渐从功能性转向情感需求时，满足这种需求也更为不易。这就有必要考虑多重因素。其结构、节点、风格、布局、状态，细到菜单、导航、图片、影像、标签、按键、选项、各种功能（如返回功能有点击返回和自动返回）等，虽然不一而足，但便捷简单是一个重要的标准，方便受众或者用户的使用、检索，尽可能地减少访问和使用的时候所操作的步骤，创建多元化的访问路径。

媒体界面在今天的自媒体应用中，探寻着个体化的信息传递与表达方法，寻求着一种数字化的情感认知，在打破了原有舆论格局的呈现同时，也有着失控的危机和困境。

内容不一定为王

有那么一段时间，“内容为王”的口号喊得很响，以至于可以用脍炙人口来形容，甚至现在还经常挂在一些人的嘴上。它所讲的是内容的品质作为媒体的立根之本。

圭臬之说

追溯起来，“内容为王”的由来已久，早在20世纪80年代后期，经营汽车影院连锁的萨默·雷石东（Sumner Redstone）毅然收购了维亚康姆（Viacom，美国第三大传媒公司），后来又收购了派拉蒙和CBS[①]，逐步在全球传媒娱乐业中树立全球传媒娱乐业巨无霸“维亚康姆”这个大牌子，萨默·雷石东也因而被誉为“传媒帝王”。面对早他多少年的强劲大敌新闻集团，萨默·雷石东说，内容应该是国王，人们并不是要看电视台，而是要看电视台的节目，只有高质量、能符合当地消费者口味的节目才能算得上好的内容。他扔出了A、B、C三部曲的策略——A（Ac-

① CBS：哥伦比亚广播公司，美国三大全国性商业广播电视网之一。

quire，购买），意即购买与开发最佳内容。B（Brand，品牌），意即对内容进行品牌建设。如果内容是国王，品牌就是皇后。建立品牌就是建立信任的纽带，让观众对节目产生忠诚度。C（Copyright，版权），就是要对自己创建的品牌内容进行严格的版权保护。随之，他抛出那句被广泛流传的著名话：“谁做传送我不管，我就是要放上最好的内容。”还有一句是他直接针对劲敌所言：“我们致力于内容，不像默多克那样把主要精力放在渠道上。”这句话里很明确地给我们传达出两个信息，一个就是他以内容为王，二是新闻集团是“渠道为王”，默多克正是新闻集团的老大。

“内容为王”因此叫响了，以至于被传统媒体奉为圭臬，成为传统媒体商业模式的核心，到1996年比尔·盖茨在博客中又重提“内容为王”，断断续续延宕到新媒体崛起的今天，其形式有了很多很大的变化，从纸媒到广播电视再到微博、微信、秒拍等，传统与新兴同台竞技，杂语喧哗，众口铄金，未来产业的黄金时节似乎轮到了新媒体当家，其日常化与泛化早已让传统媒体战战兢兢，离开了优越的舒适区。随之，内容又被推到了新风口，以至于在某些领域已站到了空气稀薄的高原地带。从“免费”到“为内容付费”似乎一夜之间“蚁穴决堤”，这也是从PC网络时代到移动网络时代的转型之战。这个瞬息万变、充满矛盾的时代，激起的浪花总是出人意表，一个新生事物刚一露头就将面临着解构与淘汰的危机，甚或是穷途末路的诟病，倘若你稍有迟疑，很容易地落入新与旧的悖论之中。“内容为王”也莫能幸免地卷入这个涡流。此间，应该说在PC网络时代，内容是开放而互为跳转的，因而有了“免费”成为进军的号角，移动互联网一浪打来，由App左冲右突地掀起内容付费的模式，头部内容红利乍现，成为了新的流量入口，它催生了现象级佳作，还被赋予“爆品专业户”的名号，谓为“得爆品者得天下”。当“喜马拉雅”撬开音频收费的大门，引导上游做创业孵化，围绕下游做音频分发，擎起“耳朵经济”的新高地；当“罗辑思维”转战“得到”，以其风格死磕，撩得罗振宇的粉丝们奇痒难耐；当知乎 Live 上线，渲染实时问答，迈出里程碑的一步；当“在行”挖掘出约行家的咨询源，率先入局专人的分享与补给；当“分答”以碎片化问答爆红，实现公知的认知盈余……我们不能不侧目新媒体语境下所谓“内容为王”的生存法则。

大浪淘沙

然而，大部分人已经没有耐心花费时间去阅读，面对海量的内容和越来越快的速度，需要你急速地消化每条信息，吸取汁液，迅速吐掉，再马上去咀嚼下一条，同时，你也很容易成为下一条信息的发布者、传播者，为你或你所在的企业形象做传播。虽然我们总会被标题党忽悠，可选择阅读的方向依然是标题党，微媒体“10 万 +”的热文都要从十来字的标题开始，比如咪蒙在起标题这上面下的功夫很大。作为社会信息重要来源的大众传媒以其一日千里的速度发展和普及，而这样的传播又迅速地被信息的碎片化浪潮所淹没，想以内容脱颖而出又谈何容易！无论多么好的内容都需要传播有法，就像再完美的产品也得有很好的包装，否则又何谈销售？

其实，无论过去还是现在，内容固然重要，但要说它是“王”却不免有些过了，因为人们从来不会听命于它，任它摆布，纵然偶尔受其影响，也总会在大脑中过滤内容，享有屏蔽某些内容的自由。

内容是基础，并且永远需要创新，它跟为不为“王”没什么关系。互联网时代大潮的力量是摧枯拉朽的，伴随着网络技术的进步，传媒圈内的游戏规则正在发生着颠覆性的改变。在这个信息爆炸的时代，媒体市场已从信息稀缺急转为信息过载，原创内容的商业价值已被大大稀释，优质资讯随处可得，新闻行业剧降为买方市场。在信息资源过度饱和的状态下，单纯依靠“内容为王”已无济于事，唯有将内容优势与渠道、平台等因素相结合，才能冲破时代的藩篱，跳出“创新者的窘境”。

最后，还是应该对这一重要的问题，提出我自己的微媒体主义的认识。

我认为，所谓的“内容”，应该分两个层次。第一个层次就是事实性的内容，即数据、信息、事情发展的过程等内容。这一部分，是真正对传统媒体的受众以及微媒体的互动对象，有直接价值的部分，这当然是传统媒体和微媒体的最有价值的部分。第二个更高的层次，则是所谓的“道”，即自己基于事实形成的，符合某种价值观念的价值判断、规律总结等内容。这一部分内容的价值，是由受众或者互动的对象，自己来取舍判断的。对一部分人是真理，对另一部分人，可能就是“谰言”了。

关于价值判断的问题，我会在下一节涉及。这里先谈一下，我对传播的内容与手段、形式的关系问题的认识。

我们都知道的一句成语，叫作“文以载道”。意思就是，任何内容，都要有一定的形式作为载体。任何一种被有效运用的形式，都会强化、突出一定的内容。

必须明确的是，微媒体的传播，其内容的质量，仍是竞争力的核心要素。在高等教育日益普及，信息化的交流设备越来越“傻瓜化”操作的背景下，普通中国人的基础教育水平，以及在网上交流的活跃度，已经处于世界领先地位。每一个微媒体的从业者，要在这样一个市场环境下竞争发展，拼到最后，一定是内容的质量和人格的高度。而发布的信息的内容的质量，以及在竞争甚至论战中表现出的人格的高度，其实是以发布的主体人的内容决定的。技术手段在一时的竞争中，是有效果的。但只要及时用心，其实是没有真正的差距的。真正能让一个微媒体脱颖而出，立于不败之地的，其实就是微媒体的主体的人的素质，即人的“内容”。我想，这应该是在新的业态下，“内容为王”这一论断的，新的理解吧。

同时，我们也要认识到，时代在进步，人的教育程度、认识水平，也在不断提高。今天的中国，已经很少有人会直接参与到一个自己完全不了解的领域的网络讨论中，还需要什么人对自己从 ABC 开始启蒙，然后才能理解更有深度的内容。这就决定了，不论传统媒体还是新媒体、微媒体，都必须尽量杜绝长篇铺陈，“条分缕析”的形式，而是要以“直达要害，直通人心”的形式，取得宣传中的更强的效果。微媒体在这个问题上，是有自己的独特的优势的。就像 60 年前，中国乒乓球队，刚刚开始确立近台快攻风格时，主教练傅其芳在训练中把挡板放在了球台周围一米的距离上，逼迫队员必须在近台解决“战斗”，由此奠定了乒乓王国的技术基础。微媒体由于最初的篇幅限制，迫使在这个平台上拼出来的发布主体，都有很强的这种“直达要害，直通人心”的能力。微媒体发布者们，不必因自己不善于铺陈渲染而自惭形秽，而应该突出发挥这一符合时代潮流的优势，才能最大程度地把握时代赋予的机遇。

我们应该自信，没有什么和形式、手段截然脱离的“内容”。人类思想文化的发展史，就是随着手段越来越便捷有效，形式的信息含量随之增大，思想文化传播参与的门槛越来越低，参与者越来越多，内容也越来越去权威化，越来越平民化。微媒体比之传统媒体，真正的革命性意义，也在于此。影响微媒体质量的，不是形式、手段对内容的篇幅的限制，而只能是发布主体的人的“内容”的种种有待提升的空间。发布内容，再进行互动讨论的过程，是一个不断将内容推向深化，将受众面不断扩大的过程，也是发布主体自身不断提高的过程。如同学习外语，不应该怯于自己水平不高，就不进行直接的口语交流锻炼一样，我们在微媒体领域，也不应该先“修炼”自己到一定的“高度”后，才发出自己的声音，而是应该随时都“有感即发”，争取到“班门弄斧”的露怯，然后被人指导提升的机会，切实地提高自己的水平和关注度。

还需要强调的是，有过演讲和讲座经验的人，都很清楚，准备 3 分钟的演讲、辩论的难度，要远远大于准备 2 小时的讲座的难度。一个善于把握热点机遇，能够直击受众的关注的敏感点的能力，其实就是自己的“内容”积淀的结果。它对于微媒体从业者的知识储备、世情认知、热点领悟，以及对互动对象的共情的能力的要求，其实是要高于传统的媒体渠道的“深度分析”的。

综上所述，对新技术，包括操作技术和传播技巧的理解、运用，既是“内容”传播的手段的“术”的层面，其实也使得传播者，对“道”得到了更新、更深、更广的理解。其基本逻辑，就是随着技术手段的革命性的跃迁，“内容”的传播范围，也是“原子爆炸”式地扩展的过程。受众呈“原子爆炸”式的扩展，反馈的意见和信息，自然也是对这种

“原子爆炸”的进一步的几何级数的扩大。由此，必将深刻地改变发布者本意的“内容”的内涵，而被赋予新的内涵，直到彻底消解掉发布考的权威地位。

因此，我们可以得出基本的结论了：在微媒体时代，内容，包括发布主体的人的“内容”，与发布的内容，仍然是微媒体质量和竞争力的核心要素，是其他主体决定是否合作的最核心考虑。但“内容”的内涵，已经有了越来越多的“技术含量”，也将最终消解掉发布者的“王”的地位，实现互动过程中的真正的扁平化。所以，在微媒体时代，内容是核心要素，但已经是一个扁平化的环境中的，没有什么权威地位的核心了。它的王冠已经落地了。所有的微媒体发布者，不论在社会的体制中，有着什么样的权威地位，一旦进入这个场域，唯一正确的选择，就是让自己的自负越来越少，敬畏心越来越强，才能适应这个全新的环境。

重塑参与感

三年时间实现野蛮生长的小米将手机产业网络化，做得风生水起，随之掀起了参与感的营销话题。如小米创始人雷军所言，小米销售的是参与感，它才是小米秘密背后的秘密。小米的口碑营销出了名，小米口碑的核心关键词定位就是“参与感”，他们打造让用户有“参与感”的品牌的三个战略是：做爆品，做粉丝，做自媒体。“做爆品”是产品战略，产品规划某个阶段要有魄力只做一个，要做就要做到这个品类的市场第一，产品线不聚焦难于形成规模效应，资源太分散会导致参与感难于展开；“做粉丝”是用户战略。参与感能扩散的背后是“信任背书”，是弱用户关系向更好信任度的强用户关系进化，“粉丝文化”首先让员工成为产品品牌的粉丝，其次要让用户获益。功能、信息共享是最初步的利益激励，所以我们常说“吐槽也是一种参与”，最后是荣誉和利益，只有对企业和用户双方获益的参与感才可持续！“做自媒体”是内容战略。互联网的去中心化已消灭了权威，也消灭了信息不对称，做自媒体是让企业自己成为互联网的信息节点，让信息流速更快，信息传播结构扁平化，内部组织结构也要配套扁平化。鼓励引导每个员工每个用户都成为“产品的代言人”。做内容运营建议要遵循“有用、情感和互动”的思路，只发有用的信息，避免信息过载，每个信息都要有个性化的情感输出，要引导用户来进一步参与互动，分享扩散。

三三法则

小米构建参与感的三个战术是：开放参与节点、设计互动方式、扩散口碑事件。“开放参与节点”就是把做产品、做服务、做品牌、做销售的过程开放，筛选出对企业和用户双方获益的节点，双方获益的参与互动才可持续。开放的节点应该是基于功能需求，越是刚需，参与人越多。小米的产品需求、测试和发布都开放给用户参与，让用户决定自己想要怎样的产品、怎样的功能，给用户代入一种强烈的“由你做主”的感觉！在选品、装修、产品摆放、动线设计、引流等相关问题上，琢磨不定、谨小慎微的专营店，也可以运营一个类似于小米论坛一样的微信群，集结部分会员或忠实顾客，在或大或小的决策上，引导他们讨论交流、反馈意见。或者公示需求改进计划，对单点需求讨论投票。“设计互动方式”根据开放的节点进行相应设计，互动建议遵循“简单、获益、有趣和真实”的设计思路，把互动方式要像做产品一样持续改进。小米为维护用户体验，绝不能强制性推销，而是以参与为核心。并让用户感觉自己身份尊贵、备受重视。互动式销售，收集需求，采纳建议，并郑重宣告用户对需要产品的“预约”成功，同时略表感激，给用户带来成就感与认同感，并成为用户炫耀而产生主动扩散口碑的动机；上架新品前邀请一批用户成为“首席体验官”。“扩散口碑事件”先筛选出第一批对产品最大的认同者，小范围发酵参与感，把基于互动产生的内容做成话题以及可传播的事件，让口碑产生裂变，影响百万人参与，同时也放大了已参与用户的成就感，让参与感形成螺旋扩散的风暴效应！以微信沟通的简单对话形式了解询问用户对于产品的体验感受和心得，并设置鼓励分享机制，也是扩散口碑的关键。

这三个战略和三个战术在小米内部称为“参与感三三法则”。小米做自媒体，开始主要包括微博、官方网站和小米论坛三大自媒体平台，之后又有了微信。自媒体不是试验田，是主战场先做服务，做营销每天都要上头条让员工成为粉丝，让粉丝成为员工，“每个公司都是自媒体！”这是小米的一个理念，并且将自媒体当成重要战略！

自媒体矩阵

做自媒体，就是要靠粉丝，于是米粉的概念就出炉了，大家现在都知道了，米粉就是小米的粉丝，并且还建立了“米粉节”。这些米粉义务地为小米完善着很多工作。雷军有一句话常常挂在嘴上，那就是“要做台风口上的猪，而让猪能够飞起来的台风，就是粉丝”。

从创始人、高管、员工、供应商、米粉、外围媒体和自媒体形成了小米的自媒体矩阵。“米粉”成为小米自媒体矩阵的主体。强大的自媒体矩阵，又形成了小米的口碑渠道。这个渠道已经不只是所谓媒体，而是人人都是渠道，产品同样是渠道。企业媒体化、产品媒体化、员工媒体化、老板媒体化、内容媒体化，在这个为媒体所覆盖和呈现的社会，媒体化意识以及人与企业的媒体化，反映着企业等事物与媒体边界模糊以至于互融的趋势，网络自媒体涵盖着多种媒体的属性，以前所未有的优势后来居上，这是一种大众化的媒体，而媒体化生存从而缔造了这么一个媒体化时代，这被视为对我们所生活其中的这个社会的文化生产、传播、接受与消费模式的一种命名。民意表达与公共参与也是这种媒体化趋势的表现形式。参与感的培养在此具有着正向影响，也是微媒体营销实施中能否获得功效的一个关键。微媒体或者说自媒体通过各种环节与受众或粉丝进行双向互动，建立情感连接并成功向受众兜售参与感，于是有人说，今天不是单纯卖产品的时代，而是卖参与感。小米把自媒体当作重要的营销平台，结合自身产品的特点，充分利用社会化媒体的属性建立口碑。我们来看看小米的参与感营销的一个镜头，在2013年12月圣诞节，小米设计微信“吼一吼”的创意活动，打破以前的有奖转发，抢楼拼人品。大家对小米公众号发来的一句语音“我爱小米手机!”进行参与，后台系统根据音量分贝进行排名进而抽奖，分贝越高越有机会中奖。2014年春节爆发的“微信红包”活动更是典型的互动设计案例，大家抢红包获益，有趣且简单。顺便说一句，其实参与感也并不复杂，比如微信在春节的时候，“摇一摇”功能便得到全国人民的青睐。当小米在基于参与感的自媒体战略上创造奇迹，并以论坛、微博、微信和QQ空间四个核心通道做好社会化营销时，有人惊呼，参与感才是营销的灵魂，参与感才能让社会化营销效果最大化。

人格化渗透

媒体化时代，微媒体或者说自媒体体现出人格化的特点，具有了人的个性与独立性（而传统媒体则成为了被动态）。就像人一样，媒体是有其自身的人格化特征的，比如其反映出来的立场、态度、品位等人格化特征。而微媒体的人格化也可以说是新媒体在实际运作的重要方法，也只有体现个性的人格化，才能有持久的生命力。

人格化传播

我们以人格化传播为切入点。人格化，说白了就是给事物赋予人的特性。比如人们将松树人格化，以松喻德，志向高远，宁静淡泊而质朴无华，不畏寒暑，挺拔向上，四季常青，象征着人的高风亮节，古人称为“君子”。又比如画家画竹，赋予竹子虚心、向上、不屈、不畏严寒等人格化特征。那么，人格化传播也是如此，用有关学者的定义就是说在传播过程中充分发挥人的个性与特征，其重点是以人为中心。重视对人物的性格与情感塑造，使传播过程更加生动，更能引起受众的共鸣。在传统媒体中，人要为内容而服务，人格化传播能够发挥和展现的范围有限。而在网络传播中，比如网络直播，内容可以作为主播塑造自身人格化的手段和补充，主播自身的人格魅力往往比直播内容更加重要。

作为一个人格化传播主体，微媒体在传播的过程中，因为语境、定位的不同就需要扮演相应的角色，需要能够将角色的特性和自身的个性有机融合，展现出同一的风格，实现真正的人格化传播。人格化是微媒体运营者不可小觑的传播优势，你赋予了微媒体传播以怎样的人格化的特点，具有怎样的人的性格、人的气质、人的感情、人的能动性，决定着你对受众群体的吸引力和留住粉丝提升粉丝黏性的“微”力，也是一种影响力。

吸引用户建立最初的好感可能就需要五分钟，而要建立微媒体品牌、影响力和一定程度上的信任则需要三五年。有人早已发现，微媒体这块大蛋糕僧多粥少，流量被少数人掌控着。其时，那些完成人格化和个人IP打造的平台优势明显直线上升。

媒体传播借助着人格化的不断演进，不断地迈上一个个新的台阶。从某种意义上讲，人格化模式是新媒体或者说微媒体发展的基本模式。微媒体采用人格化发展模式，有利于吸粉和迅速拓展影响力，也有利于调动关注用户的积极性。但单一的人格化模式也有局限性，以至于阻碍后期的人格化盈利（或者说交易），也会影响着作为个体微媒体的进一步发展。由于今天的我们获得信息的方式与日俱增，更加多样化，微媒体还需要进一步地发挥人格化传播的优势，探寻人格化的深层演进路径。

人格化的代入可以让人脑洞大开，可以看出一种个性，可以体现出很高的辨识度，可以聚集同类人，找到归属感，以个体的公众号为代表的人格化微媒体比比皆是，人格化在微媒体运营中被有意识无意识地尊重起来。其实，新媒体本身也是有着人格化倾向的，比如界面交互人格化的设计，人格化的适用性，而运营上更是要靠着人格化关系支撑的。

形象力

如果说标题决定着打开率，内容决定了分享率（传播率），那么人格化则决定着形象力和认同度。

形象力就是你带给人的形象记忆和认识，从而让人产生的好感和影响力。比如相同的衣服穿在不同人的身上，感觉也是不一样的，你的衣着打扮，适合你的身形体质，有着你独特的风格和品位，那么自然吸引一些人的眼光和欣赏，就形成了一种“力”，这个“力”说白了也就是所谓的气场。

同样，运营微媒体表现出的形象应该有着其人格特质，并因此赢得用户的信赖和欣赏，以至于形成气场，甚至形成品牌，那么就有了微媒体的品牌形象力和影响力，也就是你的微媒体在关注用户心目中的综合描述与评价，它体现了大家对你的微媒体品牌的认可程度和忠诚度。

微媒体形象力具有着公众性、价值导向性和沟通性，其价值体现为综合展现微媒体的传播能力、推动力、人性化，以至于促进社会的和谐与进步。

微媒体形象力有些特别，其形象的真实性与假定性、表现性与再现性、主观性与客观性、创新性与守旧性、个人性与社会性等又都同公众接受性是有着内在关联的。把形象力作为微媒体运营的一个不可缺少的构成要素，是有道理的。通过对微媒体形象的刻意建树和传播所形成的，对用户和公众的凝聚力、吸引力、感召力、诉求力和竞争力，在积累了一定知名度和美誉度的基础上，开拓实践中越来越表明它是提高微媒体竞争力的一个重要因素。

人格化塑造

在网络传播的活动中，有意无意地为新媒体赋予人格化的特征和内涵，从更微观的角度来审视它所形成的营销方式，不但有助于新媒体或以微媒体为宣传阵地的企业单位或个人树立品牌形象，有助于传播，更主要的是树立了个性，可以缔造出一种为用户接受的心理定位，积淀为附着于微媒体上的无形资产。

以新媒体人格化为核心的网络运营构建模式，从外在的趣味性而越来越注重其内涵的社会性。再比如作为微媒体的网络直播被推到了社会舆论的风口浪尖，这种新的社交传播模式乱象频出，更不乏投机取巧者，由此背后可以窥见多样而复杂的网生态，这是社会情态的某种反应，它与当下社会普遍压力大不无关系，人们在某种压力下渴望寻找一个放松和放纵的所在，直播平台也就自然成为这样一个港湾！各种为博得眼球的直播粉墨登场，也不禁令人对这一新生事物的未来充满忧虑。有些电商，借助直播的微媒体取其“受众广、传播快、互动性强”的特点，与用户亲切互动、解疑答问，轻而易举地赋予产品以温度，进而获取粉丝信任，缩小新客户获取的成本，缔造了最大效益。

人格化其实就是打造人性化、产生情感温度的过程，要使得微媒体真正形成人格化，首要的就是有一个清晰的人格化定位。其实，也就是微媒体的拟人化，世间万事万物都有个根源，须从根本出发，定位就是根，是魂，找准了根本的价值观和定位才好谈人格化的具体问题。

比如一些做自媒体的在运营微信公众号的时候对其角色的定位，有专家型的，有保姆型的，有朋友型的，吸引用户成为自己的粉丝，通过互动改变单一的机器输出，而形成人与人之间的交流，又经由与粉丝的交流拉近双方关系或者输出有关知识，解决各种问题与困惑等。

找准定位的同时，也是在找到和考量价值观，这也是微媒体的根与魂，那么由此你可以预计关注你的目标群体是哪些人，他们有什么喜好特性，他们有什么想分享与表达的，他们的话语体系和表达逻辑是怎样的等。

之后，你开始确立你的微媒体的性格特点，做一个有自己性格的微媒体才能让人记住，而这就与运营微媒体者息息相关。一旦有了性格，就比较容易产生辨识度，让同类人产生通感和好感。性格多种多样，从个性签名到界面设置到发布内容都是可以体现性格的，内容上有毒舌型的，有幽默型的，有严肃型的，有逗比型的，有直抒胸臆的，有温婉含蓄，有高冷的、有热情的、有一本正经的、有亲切的、有卖萌的、有慵懒的、有细心的、有勇猛的等。不过建议不要卖弄和故作高深，秀什么底蕴，微媒体还是要让用户和粉丝一目了然，也就是一眼就看明白的为好。

围绕你的定位和特点，你开始给你的微媒体构建内容体系，并进一步寻找“肉体”寄托。从灵魂到肉体，也是要精神有个落脚点，也就像是将抽象理念转化为具象的一个过程，这也是人格化不可缺省的，没有大咖或名人背书，就用人格背书好了。

当然随着微媒体的延伸和发展，随着粉丝的增减，构建的内容体系也是不一样的，这就像一个人的生命周期，每个阶段有每个阶段相匹配的目标方向，微媒体也有自己的生命周期，随着变化而变化，而其本身的技术变革也为微媒体带来了很多的不确定性。

微媒体人格化运营还有非常关键的一步就是大力增强沟通互动，让粉丝或用户一起参与进来，这就像前面提到的参与感，归根结底，微媒体虽然是靠网络和平台工具，但这一切还是在于人与人之间的连接，你要会讲故事，实现多线沟通、分享，甚至零距离的对话，哪怕出现错误，做人格化的微媒体也像一个人的成长一样，要勇于实践创造，哪怕屡屡地试错。

微媒体人格化之后，有很多优势就显现出来了，内容不在机械式的干干巴巴的了，而似乎有了人性和温度，更像一个人，有他的脾气秉性，有情绪，能思考……由此聚集人气，这个时候，微媒体变现就有了可能，因为粉丝更乐于为一个人买单，很多微媒体其实打造的就是一个个人品牌，个人 IP，于是形成了粉丝的拥护和支持，其时，微媒体比如个人微博和公众号乃至态度明朗的微信电商，就起到了导流、导购的作用。

当然，也有很多微媒体后来选择了“去人格化”，或因为怕抛头露脸，或为了摆脱一些粉丝的纠缠，或为了更重要的工作，毕竟用心人格化之后就像一个人专注于此，很容易顾此失彼，忙于应和，无法做其他事……那就看你的选择了。

- 媒关系变迁
- 碎片风暴
- 专业断想
- 破茧之术
- 独立与分割

Chapter 6 微拼图

编者按

在这一章，作者阐述了自己对微媒体的浅与深，分与合的思考。

微媒体给人的直接的观感，就是浅碟形、碎片化。这是由其最初的对于篇幅的限制决定的。但很快，随着对更大的信息量的连贯的传播的现实需求，微博、微信等平台，都推出了如长微博、公众号等可以完整地阐述主体的认识的形式。而新的形态的“内容”的决定性作用，也随着新媒体业态的成熟规范，成为业者普遍的共识。

现在普遍的认识是，必须实现内容的专业化细分，才能使需求方尽快找到自己合适的关注、投放的对象，也使微媒体主体，能够提供尽可能的高水平的信息服务，实现微媒体行业的可持续发展。也就是说，分要与深结合，才是唯一可持续的发展方向。当然，也需要有一部分人，从事对各种有价值的信息，进行有创意的、有针对性的组合拼接的能力，才能更有效地使互动对象得到高质量的信息服务，增强微媒体的黏度，实现市场价值。市场真正的发展方向，应该是及时掌握运用最新的传播技术的专业运营团队，与高水平的内容提供者，以及已经具备了权威光环的专家型公众人物之间，进行深度的合作。需要注意的是，如果能提供带有一定娱乐性的专业评论，或者能够始终直达互动对象的最强烈关切的问题，都会最大程度地扩大互动对象，并不断强化其黏度，放大微媒体的市场价值。

我们可以大胆地预测，当这种“分”“深”结合，辅以拼图式组合的模式成熟起来后，新媒体也将进入一个传统媒体高潮期那样的，急速“赶顶”的阶段，最终稳定下来，直到被新的业态冲击，改造。相信如作者这样的有心人，会与各位“微友”等互相提示、提升，成为新一代的领路者、开拓者。那时，又将是另一番精彩的故事，深切的感悟。

媒关系变迁

微媒体的飞速崛起，无形中已经左右着人们的生活与日常，它借助网络极大地拓展了人们彼此之间的交流以及交际的范围，不断地扩大着朋友圈，同时新媒体不断地出现，也促进了它的多元化变迁，碎片化成为它的一个特征，简而言之也就是它利用受众碎片化的时间提供碎片化的信息，满足了受众碎片化、浅阅读的需求。相对于碎片化的传播语境特征，当然其实还有去中心化、零散化、动态化、即时化……另外，就是拼图化，相对于碎片化，也就是对它的整合以及还原，从而呈现事物的本来面目，两者共生共存。它以平台化、开放式、受众群聚、互动式为体验、为入口，从无序走向有序，由无系统到体系化的优化历程。

微博、微信相继红火起来以后，利用此两者为平台开展的营销宣传活动也就随之风生水起，因其，有赖于基数大、范围广、增幅快的用户群或朋友圈而形成的一种关系，一些人称之为“微关系”营销。

随着新媒体的不断推新和拓展，“微关系”已不足以概括新媒体多元化的趋势，我们姑且用另一个词来称谓，那就是“媒关系”。

从过去的媒体关系，到现在的新媒体关系，显然传媒业的发展轨迹已经有了很大的转变，这在前面我们已经多少谈到。当然，人们对这种媒体转型所持有的观点还是千差万别、因人而异。叫好者有之，怒骂者有之，惊讶者有之，感叹者有之，支持者有之，担心者有之，观望者有之，发难者有之，大力提倡者有之，摇头叹息者有之，不了解者有之，不理解者有之，击节赞赏者有之，怀疑反对者有之，漠然视之者有之，不知者亦有之，一呼百应者有之，默默无闻者有之，借机生事者有之，投机钻营者有之，情绪宣泄者有之，揩油敛财者有之，哗众取宠者有之，枕戈待旦者有之，忐忑不安者亦有之……

一切皆媒

新媒体冲击着传统行业，很多企业被迫转型，来适应这个网络化的新媒体经济，现在，人人都是媒体，不再是以前的权威传播思维，就像一人拿着大喇叭喊话，众人听，而现在是人人都有一个小喇叭，每一个个体都可以创造和分享信息。以至于现在的企业也可以说是媒体，比如依靠着社交媒体在短短几年时间就成就了这个全国性的小米品牌，它也被视为媒体，有时会加上公司两字，即："媒体公司"。其实，将一家企业视为一个个体的话，今天的企业也都全力打造自己的新媒体，去创造内容，去连接客户和世界，企业无形中就成为了一个自媒体，于是也迅速激生了初创企业获取流量的快捷方法——自媒体矩阵。有句看似耸人听闻细想却又不无道理的话，那就是未来没有什么不是媒体，所有产业皆媒体，一切内容皆广告。

由于传统媒体的"专业壁垒"随着以微博、微信为代表的微媒体的兴起而彻底被打破了以后，微媒体的井喷式发展，搭建起一种全新的关系，期间强弱并存，优劣参差，如果以物联网、万物皆媒的观念，那么我们可以称之为“媒关系”，也就是媒体间的关系，它把人、企业甚至正在形成新媒体的其他事物都看作一个媒介，在这个强关系和弱关系同在的网络空间，从纷繁的演变趋向中，凭借着信息技术的蓬勃发展，以各种各样的方式让每个人以至事物参与到信息传播中，实现信息传播从过去的中心主义、权威性、专业化、精英化到去中心化、平民化、智能化以至物联化的转变。

互动演变

以微媒体为代表的新媒体，在这场变迁之中，扮演着重要的形态角色，随着直播、短视频的涌现，内容的实际价值已经不再简单地局限于提供资讯信息，而重在提供一个话题或视点，吸引集合某一个特定人群或兴趣群体，使得更多有共同关注点，或者有共同爱好、情趣、思想的人走到一起，沟通、讨论或者分享、交流，以至于形成我们所谓“媒关系”，带来更多的延伸、互惠互通以及传播效应和机遇。

在当下网络化的“媒关系”中，基于不断衍生的新媒体的演变规律被有关专业人士归纳出 10 个方向：①由信息型传媒走向关系型传媒；②“内容＋服务”的客户端对传媒体现更强替代性；③关系链传播重新定义媒体与使用者关系；④传媒发展从受众驱动到用户驱动；⑤从类别需求为核心走向移动需求为核心；⑥影响逻辑是商业逻辑的前提；⑦关系链服务是价值创造新引擎；⑧使用行为与新媒体演变互为驱动；⑨便利替代型服务成为移动互联网创业主流模式；⑩枢纽型企业成为最具价值的新媒体企业形态。

枢纽型转变

这里我们有必要对枢纽型的新媒体转变加以说明。我们先来看枢纽型社会组织，所谓“枢纽型”社会组织也就意味着他的各大机构、组织之间发挥的是桥梁纽带的作用，它把同类别、同性质、同领域、同地域的社会组织联合起来，在管理部门和社会组织之间，通过类似于社会组织联合体的实践载体，服务和管理一个系统、一个领域、一个地域的社会组织，它具有孵化、整合、服务和引领四项基本功能。那么作为枢纽型社会组织的枢纽型企业也就是要在整个行业中起到桥梁纽带、聚合引领、集约服务作用的企业，是为其他企业提供技术支持和服务的企业，而非和制造型企业并列的服务型企业，总的来说枢纽型企业就是以服务产业链为使命，为行业内其他企业提供信息、技术等服务，发挥桥梁纽带、聚合引领、集约服务等功能。

当代社会，货物流、信息流、能源流以及人员流等在时空层面上的集聚与扩散主体形成城市化的经济集聚，也就是一种枢纽型经济的崛起态势。枢纽型经济被有关学者定义为枢纽型地区发挥交通等枢纽的聚散功能，扩大并深化对内对外开放、推动产业转型升级、提升地区发展能级的一种经济形态。在这样的一种新经济格局中，产品型企业已经不足以提供广阔的发展空间，而以演变为枢纽型企业为主的新媒体企业形态获得了未来的青睐。

一种借助于网络占据创新枢纽或经济信息枢纽位置的企业逐步形成资源集聚和溢出效应，而这种枢纽角色的转变，辐射周边以及相关行业组织，其平台特质逐步显现出来，主导起生产、交换、分配、消费等，它也是面向全球集聚发展的要素。而在这个一切皆媒的时代，枢纽型企业也成为新媒体的一员，或者称为枢纽型媒体。

在“媒关系”的变迁中，新媒体的枢纽型转化，也意味着确立着信息服务与社会服务的枢纽型位置，作为社会生产体系中的关键环节，承启转合，如同交通枢纽，将生产力、消费力、联合力等向周边扩散，带动经济的整体新布局、和相关产业尤其是商业的协同发展。

碎片风暴

“微媒体”时代背景下，有一个不言而喻的特征，那就是“碎片化”。此前，已经多次谈到这个现象，不过并没有展开。这里有必要诠释赘述一下。不管你是否愿意，碎片化时代已经来临。在现实生活中，各种思想、文化、技术以碎片化的形式如雨后春笋崛起并渗透进我们的生活。碎片化的信息在手机屏幕、电脑显示器上不断地滚动；微博、微信的碎片化阅读已成常态；点赞、留言、“刷存在感”仿佛成为人们接受着来自四面八方的碎片化信息后的一个随机反应……碎片化的生活节奏是多元的、动态的，需要你急速地消化每条信息，吸取汁液，迅速吐掉，再马上去咀嚼下一条，同时，你也很容易成为下一条信息的发布者、传播者，为你或你所在的企业形象做传播，而这样的传播又迅速地被信息的碎片化浪潮所淹没，于是我们清晰地意识到碎片化在企业中所衍生出来的各类以人为本的自媒体形态。社会消费碎片化、传媒碎片化、学习方式碎片化、终结医保碎片化等已昭然若揭，随着移动互联网的发展，无线时代的到来，人们的消费、知识的汲取、信息的传递必然是更碎片化、更快速。

“碎片化” 挑战

在今天，信息化的产量和效率已然到了耸人听闻的地步，大量膨胀而过度的信息追逐着消费者有限的吸收能力，如何在这样庞杂的语境下控制信息的流向？如何将一个品牌的信息迅速而有效地渗透到消费者心中？已经成为企业营销面对的重要问题。美国未来学家托夫勒早在20多年前预见未来时便谈到了三个方向：一是分众化，二是个性化，三是碎片化（参见《第三次浪潮》）[①]。中国和苏联，对信息高速公路理论，都有相当的敏感性，都把电子产业列进了优先发展的产业。奈何苏联各方面条件不具备，直接倒下了。中国还是挺过来了。为华为在核心研发上摧城拔寨的，就是华为在俄罗斯建的数学研究院。华为和中国信息产业的下一步发展，起码在一代人的时间里，还是要从与俄罗斯的数学人才的合作上下大力气。

“碎片化”（fragmentation）是一个社会由传统向现代过渡时期的基本特征，随着社会、媒介多元化的震荡，世事因此改变，种种变化迅速矫正着我们的各种认识和思考。当代人崇尚言论自由，微信、微博等自媒体平台给了人们发表观点的空间和途径，购物中心仿佛沦为消费者的试衣间，并让他们的信息反馈作用于产品或品牌。在碎片化的语境中也令企业消息不胫而走。

---

① 20世纪80年代初，美国思想家、未来学家阿尔文·托夫勒的《第三次浪潮》其“信息革命”“未来社会”等理论在当时深受年轻人喜欢，引起很大震撼。这本书与《未来的冲击》和《权力的转移》，并称作托夫勒的“未来三部曲”。

有一个比较宏观的说法，传播的碎片化重新定义着商业生态的碎片化，商业生态的碎片化正在定义新的商业机会。当“互联网+”成为经济发展的驱动力量，迫使和推动传统产业转型升级，打破时空束缚，新一轮产业革命的兴起倒逼着不断分化创造出新的商业模式、形成新的价值链。有人说O2O的本质就是渠道的碎片化和内容的颗粒度化，每一个人都可以几乎零成本地去感知海量而繁杂的信息，大多数人仿佛都得了信息不对称的恐慌症。自微信、微博竞相绽放以后，移动互联网变得让人们更便捷，碎片得不能再碎片的信息每一分每一秒都在不间断地随时推送。

各种各样的媒体渠道日益细化，报刊、杂志、广播、电视/电影四大传统媒体以及平媒、网媒、户外媒体、自媒体等传播途径差异巨大，而微信营销更迅速成为企业营销活动的媒介新宠。这对营销和营销传播的作用是双向的。双向信息沟通方式的迅速演变，产生更有效的参与感也正暗合了新经济生态的特征。越来越多样化，也变得越来越难以把握的各种状况让我们重新思考商企营销的策略和方法。所以说，碎片化的新媒介传播方式、碎片化语境下的消费分解已经成为Web 3.0时代的催化剂，将传播工具向更立体的生活世界转变，从日常的信息碎片到分享互动，为营销产业的发展和演进推波助澜，更对各个产业产生了深远的影响。

移动互联网释放碎片化生产力，碎片化释放个体需求、个性、时间、空间，但碎片化本身也可以不知不觉地织出一张分布广大的网络，它隐藏着巨大的商业价值，激发产业的固有能量，而在碎片化的基础上实现转型，在新起点和市场竞争下找到自己的定位和生存空间，则是我国各个行业突破目前的产业界限，在新的技术和新的推广方式背景下成功集结的关键。

市场面临新的机遇和挑战，碎片化的时代演变焕发出蓬勃的生机，新的商业模式和市场法则将会不断涌现。传统的市场运作在面临碎片化的不断入侵，加剧了竞争的同时，也面临着消费行为的不断转变，不断迎来新的挑战。

“碎片化”发展

数字化信息革命的浪潮迅雷不及掩耳，大刀阔斧地分解着人类生存方式，动动手指就是一片信息的汪洋大海，各种产业呈现出“多样化”“碎片化”的趋势也越来越明显，不仅碎片化产业结构、碎片化的受众及其消费需求、碎片化的资源、碎片化的服务体系、碎片化的信息环境、碎片化的经营管理模式……更有碎片化的社会视角，在智能手机的普及背景下，进而催生了各类移动 APP，传播信息的渠道与平台更变得越来越多，越来越宽泛，内容市场趋向碎化、细分化，单一的模式所能获得的受众与市场越来越小。

几年前美国西北大学媒体管理中心负责人 John Lavine 便如此表示：碎片化是“遍及市场角落渗入消费群体最重要的趋势”。

在世界制造行业里，有一段时间流行着一句话：“千万不要让中国人知道怎么做，中国人在做的千万不要再去做。”不论新兵元老，我们擅长制造的企业一定都感受到了无法走出同质化严重的怪圈：管理同质化、战略同质化、包装同质化、产品同质化、促销同质化、销售渠道同质化、终端同质化、广告同质化等，媒介碎片化的背后也是高度同质化的受众，这种信息麻木化的通病让很多企业陷入竞争红海，只能依靠降低身价苟延残喘，故而未来企业不能同质化发展，就要走细分市场，走特色道路。朝阳产业的急功近利，很快被打入冷宫则呈现出“假死”状。企业要发展，就要突破瓶颈，既然客户碎片化扑面而来，不妨捕获碎片化的轨迹，迎接全网碎片化销售。而将碎片整合成为瓦片，盖成宫殿还待时日。

目前，世界多极化的演变不可逆转，经济全球化浪潮曲中有进，科学技术日新月异，综合国力竞争激烈。文化与经济和政治相互交融，文艺交流互动频繁，人们的思想空前活跃，各种思想观念相互激荡碰撞。当现代媒介呈现出多元化和碎片化的趋势之后，营销和营销传播也随之发生了巨大的变化——它们变得越来越多样化，也似乎变得越来越难以把握。

像赫拉克利特说我们不可能两次踏入同一条河流一样，经常与网络打交道的人们都知道，一旦离开一会儿，再看到的界面和时间都发生了变化。不仅是内容需要更新换代，企业同样需要变革。恰如美籍奥地利经济学家约瑟夫·熊彼特（Joseph Schumper）用“创造性毁灭”来形容公司飞快创立和消亡的速度。

半个世纪前，标准普尔500指数覆盖的美国公司平均寿命为65年，而当今的企业生存年限仅有10年。科技加速了电子产品的更新换代，现在人们的生活基本上被手机、网络绑架了，并不断地更新着系统、更换着软件，你不可能像多年前那么将一部电脑、一部手机、一个系统用上三五年。

实际上，技术的变化和消费者审美、口味的变化也引起产品不断地微变到巨变。生活方式的改变也更为迅速，一个思潮、一个观念迅速流行开来，又迅速被取代。过去需要到集市、商场里去购买的东西，现在家里一台电脑甚至手机就解决问题；过去需要去钢筋混凝土大理石建筑的银行等待办理存取业务，现在网上银行瞬间转账了，甚至可以转支付宝、余额宝、微信红包等，种种现象再次表明，时代在被新事物更替，这些新事物碎片式地侵入了我们的生活。

全世界都是，每天越来越多的新品应运而生，一些久而久之站不住脚的品牌逐步陨落，在急剧的市场竞争里，每个破壳而出的企业都立下了雄心壮志要在市场上书写上光辉的一笔。时过境迁，寡头垄断的格局早已被打破，多头瓜分一个区域市场终端的状况显而易见。碎片化时代已经到来。

专业断想

现在，微媒体越来越专业化，从最初单一的个人走向专业团队运作，并以赢利为其明确目的，从公众号迅速延展到视频直播等。

相对来说，眼下微媒体的传播推广逐步聚焦于专业化的外在需求和标准，强调其社会功能以及工具价值也就是变现，忽视了微媒体专业化的本质诉求，作为微媒体质量的重要保障和其所衍生的经济增长的源泉，专业化也许是一条必经之路，这与各个产业专业化与多样性分工的视角似乎有着异曲同工之处。

由于微媒体是人人皆可为之、放之四海的，其大量地泛滥之势必然造成良莠不齐、鱼目混珠、一片混乱的局面，每个人既是传播者又是接受传播者和分享者，面对浩如烟海的微媒体信息，获取的方便快捷带之而来的往往是垃圾泛滥，也就是以自媒体为主的信息垃圾已经是无可估量，给我们的生活带来了困扰，所以微媒体专业化也就显得尤为迫切和重要。

细　分

其实，专业化的趋势早已有所显现，在标签上也已经流露出其细分的层面，应该看到，每一个领域都有自己的标签，并且不止一两个，而是N多个标签，每一个标签都意味着一个群体，那么N多个标签也就意味着N多个群体，这些由于共同的“喜好”和“话题”而集合在一面“旗帜”下的微媒体用户有针对性的关注，也便在其细化的领域里更为专业和深入，那么泛泛之说、粗浅的认识和信息也就无法满足他们的需求，而只有专业化水平、更专业的内容，才有信心引起他们确实的兴趣、关注和互动。

进而言之，现代社会，人们的学习和工作，都已经很辛苦。人们希望用比较轻松愉快的方式，得到信息，受到启发，是很自然的要求。但我们在任何时候，都要有一个基本的认识：并不是所有的有价值的信息，都是可以轻松愉快地获得的。化解这一矛盾的办法，目前看，就是垂直细分市场。在海量的信息面前，没有人能够真正“一目了然，一网打尽”，自然就会集中关注几个微媒体，得到自己能够接受的，对自己有价值的信息。所以，长期来看，微媒体真正的长久之道，还是要走垂直细分，以内容为核心竞争力的道路。

对这个道路，我们首先要正视的问题，就是“细化”的另一层含义，即“分化”。微媒体毕竟是在观念市场上谋发展、求变现的行业，自然必须直面这种共同目标下的，具体认识的分化的现实。

没有人可以在所有的问题上，得到所有的受众和互动对象的认同，也不应该谋求这种“一致认同”。寻找并确立和自己的观念基本一致的微友网友，无视一些挑衅碰瓷的言论，是实现长期可持续发展的必要思想准备。同时，更要学会在不同的观念中求同存异。只要大家都基本认同两点：第一，国家好，大家才能好，自己才能有前途；第二，我们国家，现在是走在基本正确的道路上，同时又是本着交流而不是挑衅蹭热度等意图，就是具备了一个持续交流、共同提高的前提。

当然，这只是对不同意见的态度，微媒体欲实现发展变现，还是要立足于同自己价值观接近的对象的互动。

在解决了价值观的“分化”问题之后，真正的操作中，就是要解决提供怎样的内容的问题了。

门　槛

而有些新媒体平台也似乎意识到这一点，譬如头条便提高了原创门槛，特别是针对视频微媒体领域，可以说你若对剪辑一窍不通基本上无法在头条上生存，此外，就是专业化细分的定位，解说也好、段子也好，总应该有你的特点和足以吸睛的地方。可见，这就是在逐步要求微媒体运营者具有专业化的素质和能力了。

当一众微媒体陷入互相抄袭和伪原创的怪圈之时，原创性和专业化也就至为重要，好的微媒体绝不是个东摘西抄、七拼八凑的搬运工，而应该是有个性的人，在人格化、专业化和不断创新的重塑下，才能树立起自己的品牌。微媒体也只有专业化和品牌化，才能真正走出自己的路。

破茧之术

过去，我们作为受众，在纸媒、电视、广播主导的时代，我们只能被动地接受信息。到如今，我们向用户转变，我们自由选择和分享开始影响媒体的传播，而我们也很容易成为一个新的媒体，以一种主人的身份发布或获取信息，有筛选、甄别信息的自由，剔除那些无意愿看的“垃圾信息”。有人戏称，我们穿上了新媒体的“红舞鞋”，然而却就此停不下来了。

拼的什么

微媒体的蓬勃之势，既是机遇也是陷阱，因为有些时候，这种情势与其说是蓬勃还不如说是泛滥，要知道什么泛滥成灾都是可怕的，大平台拼用户量，拼高流量的聚集，拼内容量，拼便捷的体验、无缝应用、快捷分享的特性，满足用户在线需求……小的个人媒体（自媒体）拼人气，拼关系，拼原创（还有伪原创），拼套路，直播自媒体更拼颜值，卖萌的、搞笑的、无厘头、段子手、剪刀手、标题党、毒舌女、犀利哥、吐槽妹……极尽娱众之能事，语不惊人誓不休。“有人认为内容是自媒体的生存关键”，而自媒体视频脱口秀“罗辑思维”主讲人罗振宇很肯定地回答，“自媒体拼到最后是人格，是我常说的魅力人格体”。

而虚拟交互式的网络环境，带来了微媒体传播的失范，自媒体数以万计的批量增长，主体自律意识低下以及碎片化的信息，让人眼花缭乱、目不暇接、真伪难辨，只能是一目十行，浮于浅阅读的层面，而对信息内容的选择也是风云过眼，不一而足。无论是朋友圈，还是公众号，无论是微博圈，还有头条，层出不穷的各类信息内容已经充斥于我们日常生活的方方面面，渗入社会生活的各个领域，养生、鸡汤、八卦、星座、励志、美发、美体、穿搭、美妆、购物、情感、女性、心理、电影、绯闻……阅读的耐性早已被冲淡，深度早已被消磨，虽然有着多元化、便捷、自主选择的好处，但多半都已浮于表面，代之而来的是肤浅性和即时性。

破的什么

一条信息都很难让人停留一分钟，为了吸引眼球，各微媒体花招想尽，相爱相杀，暗流涌动。然而自媒体的第一波红利期已过，要想在这浩如烟海、视听混淆的洪流中突围出来，绝非易事。正如生命的每次绽放，总要伴随着痛苦的孕育和破茧成蝶的蜕变一样，微媒体革了传统媒体的命，现在也该自己破茧了。

那么“破茧”——破的是什么呢？

现在，从企业到个人，都在关注新媒体，都在搞微媒体，从博客、微博、微信公众号，到今日头条、喜马拉雅、一点资讯、企鹅、百家、胡杨观点……单一的平台和模式已经不足以博得人们的关注，这就需要打破渠道的单一性，向多元化迈进。即便是各大平台之间也在互相借力传播，包括新媒体出现以前占据主导地位的传统媒体也在利用各个新传媒来发力，更何况作为个体传播渠道的自媒体或者就是某一个微媒体呢！

其实，早期的新媒体由于缺乏专业自主采编的人员队伍和能力，也是充分借助传统媒体的新闻内容来运营的，所以我们总是看到那些内容后面标明转自某某传统媒体。

现在，内容同质化的现象很严重了，伪原创和转载内容铺天盖地。打破内容同质化就得真正地立足原创，一场破茧成蝶的原创之战也已经打响。

除了打破渠道的单一性，打破内容的同质化，还要打破惯性思维，打破局限性，打破常规实现跨越，打破本领恐慌。

所谓不破不立，在微媒体的经济大潮中等待破茧成蝶的过程，需要创新、忍耐和坚持，而要避免被困囿于“信息茧房”。

信息茧房

说到“信息茧房”也是一个比较新的网络时代的概念。“信息茧房”(Information Cocoons)，或被译作“信息偏食”“信息窄化”，这一概念的提出者——凯斯.R. 桑斯坦（Cass R. Sunstein)，是美国哈佛大学的一位法学院的教授，曾是奥巴马在芝加哥大学任教时的同事，后来做了奥巴马总统竞选团队的法律事务顾问，被誉为超级智囊。2006 年，他出版过一本书叫做《信息乌托邦——众人如何生产知识》，也被译作《网络共和国》，在这本书的开篇他提到了所谓“个人日报（dailyme）”现象，“信息茧房”就是以“个人日报”的形式呈现的：伴随着网络技术的发达、信息的剧增，人们可随意选择关注的话题，依据自己的喜好量身打造一份“个人日报”（作为一种商业信息服务，这种个人定制的需求被算法型资讯服务平台的服务所瞄准）。凯斯.R. 桑斯坦认为，网络化虽能带来更多的资讯选择，整个社会看似更加民主自由，但在“个人本位”理念的影响下，势必蕴藏着对民主的潜在破坏。在信息传播中，因公众自身的信息需求并非全方位的，公众只注意自己选择的东西和使自己愉悦的通讯领域，久而久之，个人生活呈现出一种定式化、程序化，长期处于过度的自主选择，沉浸在个人日报的满足中，失去了解不同事物的能力和接触机会，将自身桎梏于自己所建构的像蚕茧一般的“茧房”中。简言之，“信息茧房”就是“我们只听我们选择的东西和愉悦我们的东西的通讯领域”。

物以类聚，人以群分，在庞杂的网络空间里，去中心化虽然给了人们充分的自由和选择权，然而人们根据兴趣爱好、职业、学科、血缘、地缘等关系形成了裂变（分化）和圈子，内部交流，排除异己，遮蔽或拒绝了外部信息和人员的进入，与其他领域之间形成一道无形的墙，各自为营，因而形成了“信息茧房”。

虽然说聚焦于某一细化的领域，做精做专，做垂直微媒是一个明智的趋向，但如果就此无视其他领域，不问外事，各人自扫门前雪，一旦形成“信息茧房”，就像闭关锁国一样，故步自封，终将为时代所淘汰，走向没落。

独立与分割

前面我们说到早期的新媒体借助传统媒体生产的内容来运营的，不过在这个过程中，新媒体包括微媒体也开始自行采编原创内容，毕竟原创优秀内容的首发和唯一性，是吸引人们注意力的重点，同时更是脱离同质化，表现于自身的独立性价值。独立性曾经是传统媒体生存的底线。到了微媒体这里，要想长期发展，独立性也至关重要，更何况全球化浪潮中总会面临着整合与反抗，全球没有对标经验，一切立足独立创新。

宽门与窄门

微媒体打破了许多门槛的限制，不用像以前要借助哪个核心媒体的渠道看人家的脸色，也不必为了争夺话语权而参与竞争才能站到公众面前，微媒体的门槛很低，人人皆可。然而，微媒体运营也不能简单地被门槛低、获益快而蒙蔽了双眼，这就有了“宽门”“窄门”之说。

网络新媒体去中心化，无疑形成了宽门，但这宽门之下，也是海纳百川，也许是泥沙泛滥，“宽门”路宽，进来的人也多，而“窄门”路窄，找到的人也少。这是耶稣的话，耶酥警示人的原话是说：“你们要走窄门。因为引到灭亡，那门是宽的，路是大的，去的人也多；引到永生，那门是窄的，路是小的，找着的人也少。”

互联网创业带之而来的是疯狂地砸钱，内容创业蜂拥而上，有人曾告诫微媒体内容创业者：“要留心‘宽门’带来的陷阱，真正的内容创业要走‘窄门’，要通过不断学习，做出好的内容来，这样才能脱颖而出。”百度副总裁陆复斌在百家号“内容创业中国行”西安站与百度内容生态顾问、“伯凡时间”创始人吴伯凡对话时碰撞出一些精彩观点，其中就有这样一句：“做内容创业的三做三不做：做百家号、做垂直内容、做极致内容；不要‘走宽门’陷入低水平内容竞争，不做没底线的内容、不做花钱不赚钱的事。”

其实，这个“窄门”也意味着是一种独立性，起码微媒体要保有自己独立的品格、向度。

无论宽窄，微媒体的融合也潜移默化，一切都在寻求着创新的方式与深度融合。由此，我们则急需树立一体化的概念，形成一体化的结构和流程，打破那些分离的状况，又要有所分割。这就是一个度与角度的问题。

传统的大规模、粗放型的大众传播模式随着新媒体的发展与受众的碎片化而解体，这种分割也有着其必然性，而也是有益的，在这个背景下，传播形式已进入分众化、小众化的时期，传播对象已经分层、分区，按兴趣、职业、爱好等不同而分割开来，如此一来，也可以更准确地抓住自己的目标对象。

而从传统媒体与新媒体的内容生产与传播方式上，就是要结合，而不要排他，要打破分割的局面。

分割与融合，矛盾而统一，要看你从哪个角度来考量。

在网络时代的人际关系中，有一个概念，被称为六度分割理论，其实它在原来是一个数学领域的猜想，原名为 Six Degrees of Separation。

六度分割

那还是在 20 个世纪 20 年代下半叶，匈牙利作家卡林西（Frigyes Karinthy）在他的小说《枷锁》中做了这样的一个猜想：现代社会伴随着交通与信息传播技术的进步，逐步“缩水”，地域上的距离由于人际关系网密度的增大而被填补。借小说中的人物之口，卡林西提出了一个大胆的假设：两个完全陌生的个体可以通过不超过五个人产生联系。

这篇小说受到了很多科学家的关注，其后，很多数学家、社会学家乃至物理学家相继针对这一假设做了科学性的验证。40 年后，也就是到了 20 世纪 60 年代，美国哈佛大学的社会学家斯坦利·米尔格拉姆（Stanley Milgram）设计了一个连锁信件实验。在内布拉斯卡州的奥马哈市随机挑选了大约 300 人，米尔格兰姆把信随机发送给这些居民，信中写有一个波士顿股票经纪人的名字，并要求每名收件人把这封信寄给自己认为是比较接近这名波士顿的股票经纪人的朋友。这位朋友收到信后，再把信寄给他认为更接近这名股票经纪人的朋友。最终，有 64 封信件寄到了目标人物那名股票经纪人手中，每封信平均经手 6.2 次到达。于是，米尔格兰姆验证了六度分割理论，认为世界上任意两个人之间建立联系，最多只需要 6 个人。不过，当时他并没有将实验在全世界范围内进行。

21 世纪后，“六度分割”被用来描述一个广阔的社会网络，现在大部分的社会网络服务都提供了搜索功能，即搜索出一个用户到达另外一个用户的最短路径，也就是找出这两个用户之间通过最少的用户的链接。六度分割现象，又称为“小世界现象”（small world phenomenon），可通俗地阐述为：“一个人想认识世界上任何一个陌生人，那么其所间隔的人不会超过六个，也就是说，最多通过六个人你就能够认识任何一个陌生人。”

后来，微软公司借助从MSN收集来的数据，分析2006年6月时，2.4亿个MSN用户所发送的2550亿条信息，寻找其中特定重复文字在MSN里头传播的情形，得出只要6.6层的关系就可以找到任何一个MSN使用者的结论。

再后来，Facebook与米兰大学（The University of Milan）对此进行了联合研究发现，99.6%的人只需要透过5个中介者（六段连结）就能联系起两个人，更有92%的人只需4个中介者（五段连结）就能完成，研究更发现随着时间演进（2008～2011年），连结与连结间的距离也跟着缩小。

另一项六度分割理论的实践“凯文贝克游戏”也发现类似的事实：计算任何一名好莱坞演员与电影明星凯文贝克之间建立连结所需要的数字，即为“凯文贝克指数”，若中介者越多，则该名演员的凯文贝克指数就越高。利用网络电影资料库（Internet Movie Database）中的数据来计算，Oracle of Bacon（网站）上的一项研究发现最新的凯文贝克指数平均为2.981，这虽然可能只是巧合，但该项研究与Facebook似乎都显示世界真的变小了。

Facebook的研究还指出，如果把范围限缩在一个国家内，“四度分割理论”还会变得更小，因为平均只需要 3 个人就能够连结起在一个国家内互不认识的两个人。

说来，网络的确缩短了人与人之间交流的距离，它提供了一条快捷、方便的通道，化天涯为咫尺，只要是正念的，即便是那些名不见经传的，人肉搜索也可以瞬间找到你要找的人。

差异价值

分割在这个网络时代其实是具有应用性的，譬如通过这种六度分割理论，我们的社交圈子反而会呈几何级数增长。看上去这个世界很大，不过人还是群体动物，每个人都有自己的关系网，将大家的人际关系网考虑进去，人与人之间的距离其实又很小。更何况信息化的洪荒之力，你和另一个遥远的陌生人扯上关系，也不过三五步：微媒体发送信息，通过网络传播分享，之后总会有热心人“通风报信”，建立联系。

分久必合，合久必分。分割有时候是一种差异化战略（differentiations），或者是体现差异化优势（Differentiation Advantage），而微媒体的差异化，才避开了同质化的竞争，避免了随波逐流，而分割也有了多尺度的衡量，有了差异价值，也倒逼着新媒体的衍化、创新变革，其必要性也在于通过分割找准自己的位置。

后记

微媒主义“小”时代

“微媒体”的“微”，系由weibo音译而来。本书以《微媒主义》来命名这个新媒体时代，并冠以“主义”，意在揭示其全新的、巨大的可能性。而这个新媒体时代，或曰“微媒主义”的时代，最重要的，其实是作为媒体的“主体”的“小”。小人物、小投入等，是这个“主义”的核心要义。所以，在结束了对自己的具体的“操作技术”的经验的介绍后，在最后的“形而上”的总结部分，希望能突出这个“小”，揭示出这个“微媒主义”的几组辩证互动的关系，希望能对自己的经验有所总结，对各位“微”友，也是“小”朋友，有进一步的贡献。

任何个人的成功和进步，最重要的因素，都是适应了时代的潮流，把握住了时代提供的机遇。而微媒主义时代，就是信息化、市场化结合激荡的一个重要的结果。这就决定了微媒体时代的基本规律，核心就是“大V”与“普通微友”的互动关系。对此，我们需要展开一个历史的视野，才能理解。

只有理解了这样的社会发展趋势，才会理解诸如“每一个人都是有无限可能的”。因为在这样的时代，重大的突破创新，不会是一个人可以完成的，必须是在一个所有的创新能力迸发涌流，不断的竞争、碰撞、激荡的过程中，由少数幸运的人，机缘巧合，完成最后的突破。而创新活动的奇妙之处就在于，很多有心的“奋斗”，未必会是在创新的正确的道路上前行。而一些看似“闲来无事”甚至“闲极无聊”的活动，却可能引燃创新的火花。再刻薄，或曰“残酷”一点说，有些在传统的农业社会的勤俭的习惯，在工业社会中，就是遏制消费升级，阻碍社会发展的陈旧观念了；而在信息化时代，缺乏创新的思维，是最不可取的。

当然，需要再强调一下，那些真正完成最终的有意义的突破的人才，必须是有扎实的理论基础，丰富的实践经验积累，因而有真正的原创能力的团队。成为这样的团队的领军人物，或者真正起作用的普通成员，都需要个人的专注和努力。这些人的一些活动，在各种机缘巧合下，在信息化时代的充分交流下，往往会触发真正有原创能力的团队和人才的灵感，成为实践中的创新的源泉。

在微媒体时代，内容，包括发布主体的人的“内容”，与发布的内容，仍然是微媒体质量和竞争力的核心要素，是其他主体决定是否合作的最核心考虑。但“内容”的内涵，已经有了越来越多的“技术含量”，也将最终消解掉发布者的“王”的地位，实现互动过程中的真正的扁平化。所以，在微媒体时代，内容是核心要素。它的王冠，已经落地了。所有的微媒体发布者，不论在社会的体制中，有着什么样的权威地位，一旦进入这个场域，唯一正确的选择，就是让自己的自负越来越少，敬畏心越来越强，才能适应这个全新的环境。

在时代的潮流面前，我们每一个人，其实都是渺小的。在这个时代能够成功的人，在另一个时代环境下，应该也不会差的。但确实是这个时代的基本逻辑，决定了今天的成功者的路径、模式。如果对这个时代的基本逻辑没有深刻的认识与把握、遵循，很可能会“稀里糊涂地上升，又稀里糊涂地滑落”，成为昙花一现的流星人物。

每一个人的发展，都要靠个人的努力，也要考虑时代的因素。准确把握好这个关系，才能做一点个人的微不足道的贡献。人事有代谢，往来成古今。时代在不断地前行，实践的主体也在不断迭代，对一些问题的认识，也必然不断深化扩展。信息化时代的最大特点，就是充分的、平等的交流。我们也希望，有更多的“90后”“00后”，参与到我们的信息交流、观念激荡之中，更希望更年轻的“10后”的小朋友们，能够尽早成长起来，参与进来。

每一个有志于从事微媒体事业的微友，目标都是成为“大V”级的公众舆论人物。而在这个奋斗的过程中，以及在奋斗“成功”后，并不是都能守住进入这项事业时的初心，最终也因此行之不远。这种情况的很重要的原因，就是没有真正认清微媒体事业特有的，“大”与“小”的辩证关系。我们要明白，在时代的潮流面前，任何“大V”都是微不足道的，都要始终保持敬谨之心，精进之势。

只要涉及了商业价值，什么样的空间，都是利益的江湖。微媒体大咖们，就如江湖中的大侠，“自由”只是表象，对别人的责任，才是真正的“侠之大者”。所谓“一成大咖深似海，从此自由是路人”。这个围城不是随便可以进来的，更不是随便就能出去的。是否出入，何时出入，怎样出入，都是自己的选择和努力的结果。我们可以大胆地预测，新媒体将进入一个传统媒体高潮期那样的，急速“赶顶”的阶段，最终稳定下来，直到被新的业态冲击，改造。相信如作者这样的有心人，会与各位“微友”等互相提示，互相提升，成为新一代的领路者、开拓者。那时，又将是另一番精彩的故事，深切的感悟。

钟轩宇

2019 年 1 月 30 日

《道德战争——现代中国在价值观上的挑战》

作　　者：张东才
出版时间：2014 年 6 月
定　　价：38.00 元

这是一本从宏观上探索和思考价值观的书。作者曾被邓小平接见过（见 1979 年 5 月的《华侨日报》）。他写的《美籍华裔教授张（东）才对我国人事体制的建议》（1988 年 8 月 19 日）被《经济日报》作为内参报送中央领导并得到当时中央领导胡启立、温家宝和宋健等人的高度赞扬。这本书于凤凰卫视“开卷 8 分钟”栏目（2014 年 9 月 30 日）被隆重推介。

《国祚密码——16 张图演绎中国历史周期律》

作　　者：姬轩亦
出版时间：2014 年 12 月
定　　价：38.00 元

本书以详实的数据和严密的逻辑推理再现了公元前 841~1949 年的华夏民族兴亡史；从国际关系学和社会学的角度深入分析了我们民族历史上那些至关重要的命运转折点背后的强大动力；用现代语言诠释中国 4000 多年的政治伦理和政治实践；透彻地解剖了华夏民族的编年史“如何打破华夏民族分久必合、合久必分的历史宿命”...... 告诉你支配这种规律的竟然是一个周期率。

《民主不是万能的》

作　　者：王千马
出版时间：2011 年 12 月
定　　价：35.00 元

这是一本优秀的对话集，作者通过与 10 位意见领袖的对话激励我们找到属于自己的心声。本书上了宜兴教育局“关于印发《全市社会教育机构读书活动实施方案》的通知”中的红头文件，文件特别推荐本书并指定“各类教育（培训）机构教师必读其中（3 本）的任何一本；《小康》杂志特邀中央党校教授、经济学者等联合开出了“推荐官员阅读 50 本书”书单，本书位居其列。

《创造力——推开潜能世界的大门》

作　　者：[加拿大] Judan
出版时间：2012 年 6 月
定　　价：48.00 元

这是一位犹太人结合中西方读书和工作经验的理论研究和实战经验的总结，是关于学习系统建设和学习理念及其方法的实战手册。从平凡也能到卓越，这不仅仅是一本关于创造力的书，而是一本蕴藏无穷智慧的佳作。

精品书快讯

《华尔街局中局》

作　　者：宾　融
出版时间：2011 年 6 月
定　　价：35.00 元

全书以 37 个图表从专家角度把华尔街投机客手中精美包装的垃圾一一深入剖析，再现华尔街各大传奇公司上演的倒闭潮和跌宕剧，让人深思资本市场中的道德缺陷和金融体系的弊端；5 类针对信评机构的监管法则锁定海内外资本市场如何防范资本金风险，其对“变局、残局、对局”的深入剖析，贯穿了博弈论的思想，作者从资产证券化和金融产品创新的角度，挖掘出危机背后一系列深层次的、错综复杂的、美国的政治体制与经济政策方面的内生性根源和风险点。

《医院绩效变革》

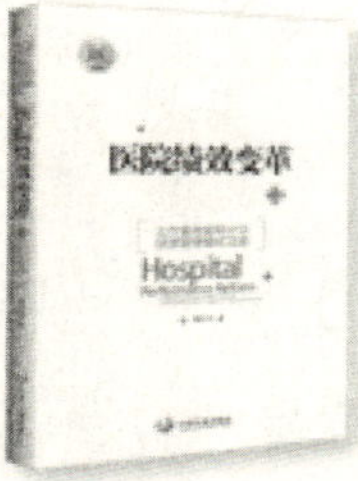

主　　编：秦永方
出版时间：2016 年 5 月
定　　价：88.00 元

作者在医院和医院管理技术研究院第一线研究了 30 年，自 2009 年新医改以来，他深入各级各类医院调查访谈医院管理者及医务人员近 2 千人，从实践中汲取管理营养，认真研究医改新政，探索与社会和谐互动的医院绩效管理模式，本书稿更加侧重实操的研究成果。

《留学十问：圈内妈妈与教育参赞的对话》

作　　者：肖　堰
出版时间：2017 年 8 月
定　　价：48.00 元

本书采访者走访过世界 30 多个国家和地区的 200 多个各级各类教育行政管理部门和大、中、小学、幼儿园、培训企业。深度与中国 20 多个省、市的 40 多个各级各类教育机构开展过长期工作，这是一本与中国顶级专家进行过多年在留学教育领域的合作指南书搞。两位教育参赞长期在大学和高教管理部门工作，参与见证了世纪之交中国高等教育的改革发展，访问考察过国外近百所著名高校。负责组织实施中国高校领导海外培训项目。陈维嘉（分别担任中国传媒大学党委书记；教育部直属高校工作司司长；任驻芝加哥总领事馆教育参赞）；薛焕白（分别担任教育部人事司处长；中国人民大学副校长；中国驻温哥华总领馆教育领事［副司级］）。

《驾行中东 17 国（插图本）》

作　　者：刘　武
出版时间：2011 年 6 月
定　　价：35.00 元

本书记载了央视资深记者刘武驾车走过 17 个国家的的探险录，从中东地理涉及到人文和风俗人情等，配有大量图片及速写（为南开大学东方艺术系主任赵均教授画）……本书得到了伊朗和叙利亚等中东大使馆的大力赞许，张建伟和卢跃刚作序。

《纸牌大厦：卢瑟经济学之21世纪金融危机》

作　　者：安　生

出版时间：2015年4月

定　　价：48.00元

本书出版最大的贡献之一，不仅在于揭示问题的实质，更在于印证了一点：在当今条件下，即便是卢瑟，逆袭成功也是有可能的，可以让卢瑟们在复杂的市场经济中学会顺势而为。本书以精邃之洞见抽丝剥茧，将大国宏观经济博弈的张张底牌，清晰地展现于我们眼前。

《卢瑟经济学》

作　　者：安　生

出版时间：2014年4月

定　　价：35.00元

此书以马克思思想为基础，并参考了西方主流经济学等人的观点，提出资本主义运行方式存在固有的内在不稳定性。本书还探寻了权利与繁荣的秘密联系，并帮你构建与当前社会结构相适应的个人策略体系。

《授之以渔我收网——销售组织齐心协力之道》

作　　者：谷荣欣

出版时间：2014年6月

定　　价：35.00元

这是一本关于销售、管理和组织齐心协力之道的书，重在系统全面的协助组织提升销售生产力，建立组织内部信息对称。更难得的是作者运用心理学、营销管理学和人力资源学并结合自身一线在四川和重庆硬是打败了在国内其他地区无败绩的国外知名软件大品牌，首创国内品牌完胜国际品牌且在两地市场占有量豪取70%份额的傲人业绩，书中大量的案例来源于此。

《儒商管理学》

作　　者：周北辰

出版时间：2014年6月

定　　价：35.00元

本书展示了中国儒商文明与中国式管理的七大要素和现代企业文化与管理制度的八大要素。作者将儒家经典和管理案例奇妙结合在一起，以期帮助中国企业家建立有中国特色的企业文化与管理制度，建立儒家传统的管理之道，提升中国企业领导人的人文与哲学素养。本书还阐述了两个重大问题：儒商精神与儒商管理模式。儒商精神的培育与儒商管理模式的建立，标志着中华文明由传统“农耕文明”型态向现代“商业文明”型态正式转型的开启。

精品书快讯

《缶庐拾遗及其他——献给吴昌硕诞辰170周年（插图本）》

作　　者：吴民先
出版时间：2015年1月
定　　价：48.00元

吴昌硕是近代杰出书画家兼篆刻家，这本集子是其后人搜集吴各种轶闻和资料编撰而成，给热爱书法艺术的人以启示。

《湖南长乐古镇文化（插图本）》

作　　者：周明剑　余耀宗　刘泽龙
出版时间：2013年6月
定　　价：32.00元

长乐，乐其天乐其道乐其人也。这本书为长乐古镇的建制沿革、族源、宗教、建筑、语言、艺文、民俗、传说等做了近乎百科全书式的展示。既有“田野调查”式的大规模采风实录（如歌谣部分等），又有颇具知识含量的高精度治学解疑（如方言部分等）。此书真实生动地呈现了湘北农村历史人文画面，令人不忍释卷。

《7天学会古琴（插图本）》

作　　者：杨　青
出版时间：2015年7月
定　　价：48.00元

杨青老师录制古琴专辑《琴·歌》获2011年度十大发烧唱片奖；曾受邀担任2009年度及2012年度CCTV民族器乐大赛古琴组决赛评委；这本古琴艺术教学作品（配光盘）一书已被今年的非遗大会会务组内定为会务指定阅读书。长年的教学经验使杨青先生总结出一套独特、高效的古琴教学方法，这本书是一本古琴艺术短平快的作品，可让大众很快吸收古典文化艺术的熏陶。

《大山·远方：张志君的山水世界和他的画家师友们》

作　　者：蹇　丰
出版时间：2016年11月
定　　价：58.00元

这是一位拥有过人洞察力的艺术家的作品集。张志君是一位在国画上取得一定成就的非职业画家，被许多艺术评论家称为当前艺术环境下的一种“现象”。作者试图从张志君的绘画和生活经历的讲述来解开这一谜题，为人们了解非职业画家的创作生态提供一个生动的参考。发现惟有一位真正热爱生活的渊博之士，才可游刃有余地画出这壮丽山水。

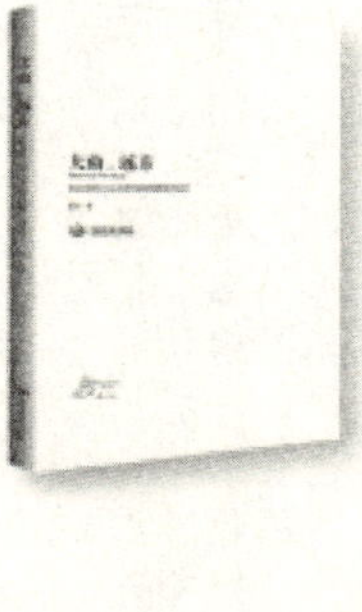

《久违的芬芳》

作　　者：李晞海
出版时间：2016 年 7 月
定　　价：35.00 元

我们通常喜欢悲剧的小说，觉得这样造成的遗憾难免会有一丝涟漪值得久久回味，但本书不认可只有悲剧结束的故事才算得上经典完美。本书讲述的是 18 世纪欧洲西部一个偏僻的部落庄园几十年间发生的三代人之间的爱情故事。

《白纸黑字》

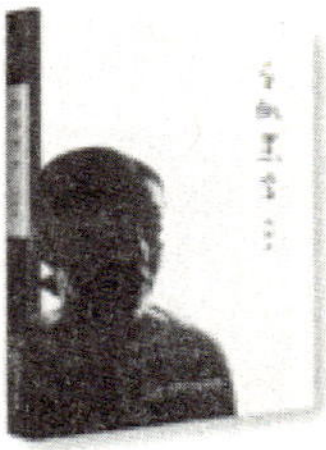

主　　编：悦殊
出版时间：2016 年 10 月
定　　价：38.00 元

这是一个历史系女生的纯私人写作，没有任何现实目的，只是出于对白纸黑字的热爱，一笔一划，一字一句，寸寸本心。更庆幸我们生命里有着许多至今仍将白纸黑字视为图腾的同道者。

《地河》

作　　者：韩　上
出版时间：2017 年 6 月
定　　价：38.00 元

本书是一篇以农村生活为背景的小说。作者以水源腐败为出发点把污染水源毒害村民的主角放在了一个敏感内向，且从小受到欺负的孩子身上来观察和反思。他从小受到村里人的嘲弄，内心积怨很深，逐渐产生仇恨，以至于在长大后对全村人进行隐蔽又恶毒的报复，致使全村灭亡的故事。小说情节表现自然，每一步细节设计都顺情合理无漏洞，对农村生活的方方面面作出了深刻的论述，不失为当下农村生活题材提供了很多值得继续探讨的命题。

《茶油的背后》

作　　者：黄铁鹰
出版时间：2018 年 6 月
定　　价：39.00 元

袁隆平推荐的山茶油，稻盛和夫点赞的企业家，被褚时健看好的项目，比橄榄油还要好的食用油。农民的管理、自然灾害、劳动力不足、激烈竞争的食用油市场……这不仅是创业，不仅是做茶油，更与农村、农业和农民有关，甚至关乎我们的命运。作者的目标是编写 100 个像海底捞、褚橙、茶油这样水平的案例，用来记录中国这个千载难逢的商业变革时代的一部分事实。

精品书快讯

《寂静的青春》

作　　者：吴　端
出版时间：2015 年 2 月
定　　价：38.00 元

这是一本试着以历史唯物主义的理论与方法，来研究青年在近、现代人类社会快速发展与变革过程中，起到的独特作用和重要意义，以及它所表现出来的带规律性的本质特征。这对建立起科学的经得起历史检验的青年观和建设青年学科理论的核心理论很有帮助。

《青春奥秘》

作　　者：谢昌逵
出版时间：2017 年 5 月
定　　价：48.00 元

作者已过九旬，可谓是我国最年长的作者。他晚年集中精力，花了 8 年多时间，阅读了大量有关文献与资料，写出了这本很有学术价值的新书。这是中国学者关于青年理论最系统全面且富有创见的一本力作，为创建科学的经得起历史检验的青年学作出了宝贵的贡献，也为青年研究走向学科化建构了新的舞台。

《奇幻中国史：生死的格式与众神的审判》

作　　者：王武侃
出版时间：2017 年 12 月
定　　价：119.00 元

这是一部以中国历史为主要素材所写成的文学作品，中国历史上许多传统故事在这里得到文学演绎。本书是采用文学叙事体的写作方式演绎历史故事，作者把东西方神话故事结合到一起，展现出了一个空灵奇幻的世界。本书将引领我们重新认识我们的过去，遐想我们的未来。分古代卷（上册）和近代卷（下册）。

古代卷：勾画出了一个有作为的帝王商纣王；阐述了为什么是秦统一了中国；本书还用文学的笔法，将不同的历史人物打入地狱或升入天堂。近代卷：两个文明在新陈代谢中对抗，传统农业文明没落，工业文明展露生机；地球上低级动物，高级动物，无机动物三体世界初步形成。

《解码西游》

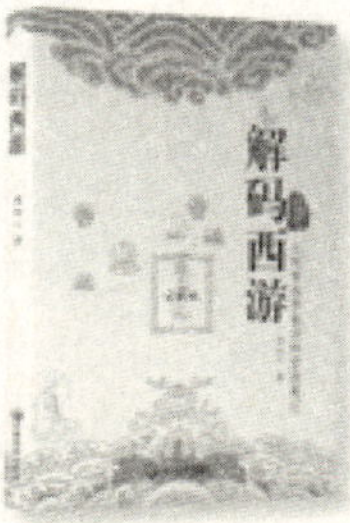

作　　者：黄如一 著
出版时间：2018 年 11 月
定　　价：49.00 元

玉帝抛世民为饵，佛道以取经逐鹿。《西游记》的重重密码，解开其实是大明首相李春芳的官场笔记。且从李春芳（而非吴承恩）的视角，看看《西游记》下隐藏着怎样惊心动魄的晚明官场甚至社会变革的大棋局，同时，本书也是指导现代人职场历练的八十一个锦囊。

《观察》系列

主　　编：杨其川　王　强
出版时间：2012 年 11 月
定　　价：30.00 元

《观察》每一辑有选择性地就中国经济社会变革与发展中遇到的某一个焦点或者难点问题作出探讨。《观察 1》以"发展与均衡"为主题,《观察 2》以"重塑实体经济"为主题,即将出版的《观察 3》以"生态城镇化"为主题。集子收入的作品和作者都是经济界知名人士，分别采用了张维迎、滕斌圣、谭云明、孟书强、石正方、徐枫、韦森、余永定、茅于轼、魏杰、张茉楠、张锋强、易宪容、黄茂兴、许小年、巴曙松等人的文章合集。

推理小说系列

作　　者：马　天　王稼骏
出版时间：2012 年 11 月
定　　价：25.00 元

《1/7 生还游戏》整个故事是由一笔巨额遗产引起，这种古典推理小说的模式大大增加了阅读乐趣，能吸引大量的本格推理迷阅读；《诡异房客》不仅描写了富含日系风格的离奇凶案侦破故事，也对社会上的一些阴暗现象（如对精神病人的歧视等）进行审视，富含哲理。作者有业界被称为"中国的东野圭吾"。

《公共幸福系列》5 本

作　　者：[日] 矢琦胜彦
出版时间：2012 年 6 月
定　　价：35.00 元

矢琦胜彦，现任日本芬理希梦集团名誉会长，京都论坛事务局长。他在四川凉山培植了越光稻谷成立"信赖农园项目"，认为这个地方或许可以成为未来不发达国家的人们摆脱困境的发展典范 ...... 以此为动力撰写出此系列图书：《幸福经营之道》、《良知物语》、《印度植树物语》、《信赖农园物语》、《和商实学》。

精品书快讯

《旧邦维新——新民·新人研究 30 年文集》

作　　者：陈亮 张建
出版时间：2018 年 11 月
定　　价：48.00 元

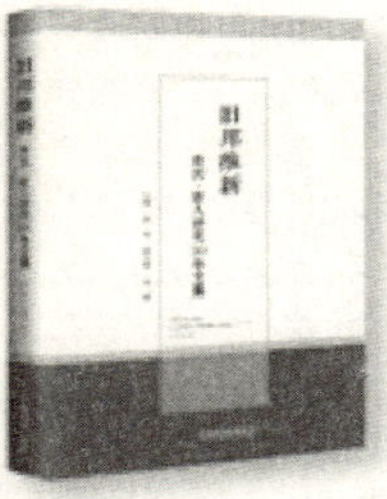

文论选（1986–2016）主要集结了中国大陆近 30 年来对国民性改造的探讨和培养新民新人的理论探索以及部分大陆与境外、域外的教育实践文本。全书共分四个部分由 51 篇文章组成：第一部分总论，回顾与启示；第二部分专论，从梁启超的《新民说》谈起；第三部分讨论，新民新人思想的演进；第四部分附录，实践与文本。通过总论的回顾与启示，展开对梁启超《新民说》的专题讨论，由新民新人思想的演进过程，展现各个历史时期的问题与思考、诠释与实践。文论选为近 30 年来关于国民素质问题研究成果的一次总结，具有思想史的意义。文论选的编撰乃启发式的基础工作，对进一步的学术研究是一次推动。文论选的出版将为青少年教育工作者、思政工作者、伦理学研究者、思想史研究者提供一份学习和参考资料。

《改善社会建设　重建社会秩序》

作　　者：贡　森　包雅钧等
出版时间：2017 年 10 月
定　　价：30.00 元

本书是 2017 国务院发展研究中心丛书之一种。书稿从多个层面和角度深入论述和分析我国构建改善社会建设和重建社会秩序的政策措施。主要分三个专题，四个报告。对社会建设领域各方面的改革提出了具体建议。文末附加提供了美国政府的工资革命（1780~1940）以吸取他国创新之处。

《新工业革命的中国战略》

作　　者：赵昌文 等著
出版时间：2018 年 11 月
定　　价：40.00 元

本书是 2018 国务院发展研究中心丛书之一种。中国要实现到 2035 年基本实现现代化和本世纪中叶建成富强民主文明和谐美丽的社会主义现代化强国的战略目标，也必须深度参与甚至引领一场新工业革命。

《面向未来的创新型人才发展：制度与政策》

作　　者：国务院发展研究中心创新发展研究部著
出版时间：2018 年 11 月
定　　价：50.00 元

本书是 2018 国务院发展研究中心丛书之一种。本书从多个层面和角度，结合国外经验，深入论述和分析我国构建具有竞争力创新型人才体系的政策措施。主要分六个专题，三个案例，文末附加说明了书中主题的研究背景、研究特点与创新之处。

《新京报十周年丛书》5 本

作　　者：《新京报》
出版时间：2013 年 11 月
定　　价：35.00 元

“新京报十周年精品系列”共 5 册，新京报践行“品质源于责任”的价值观，以主流性、敏锐性、时代性洞察时局，引领舆论，推动社会的文明进步，成为一份具有全国影响力和世界影响力的新型时政类主流城市日报。这是该报社创刊近十年（2003~2013）来优秀获奖作品的精选集，此集子的出版给传媒行业提供了实践样本和动力。